배짱
있게 살아 갈
용기 ―

LET'S LEARN WITH BOLDNESS
Copyright © 1973 by Robert H. Schuller
First published by Bantam
Korean Translation Copyright © 1995 The Bookthink Presss
Korean translation right arranged with Research Press
through The Happy Book Agency

절망과 좌절의 늪에 빠져 고통을 겪고 있는 당신에게 **희망의 빛이 될 책**

배짱 있게 살아 갈 용기

로버트 슐러 지음 · 강준린 편역

북씽크

Contents

Prologue

배짱있게 살아갈 용기 01 적극적으로 생각하라

  적극적인 사고를 위해 · 014
  자기변명을 하지 말아라 · 015
  앞을 가로막는 불가능의 덫 · 018
  실패의 두려움을 떨쳐 버려라 · 020
  직면한 문제는 빨리 해결하라 · 021
  과거의 불쾌한 기억에서 벗어나라 · 023
  반드시 이룰 수 있다는 신념을 가져라 · 024

배짱있게 살아갈 용기 02 목표를 크게 가져라

  목표를 크게 가져라 · 028
  먼저 문제의 핵심을 찾아라 · 030
  만약 당신이 개인적으로 어려운 문제에 도전해 보지 못한다면
  참다운 인생의 기쁨과 즐거움을 맛보지 못할 것이다 · 031
  가능한 한 모든 자원을 총동원하라 · 033

배짱있게 살아갈 용기 03 자기 극복의 기적

  자기 극복의 기적 · 040
  자신의 의지로 찾는 성공의 지름길 · 042
  먼저 확고한 신념을 가져라 · 044
  자신감을 잃지 말아라 · 045
  당신의 미래에 정열을 투자하라 · 050
  신은 당신을 도운다고 생각하라 · 052
  당신은 분명히 성공할 수 있다 · 054

자신감을 얻는 4가지 비결 · 056
일의 시작은 한 걸음부터 · 060
자기 뜻대로 원하는 사람이 될 수 있다 · 061
자기 사랑을 굳게 가져라 · 062
당신은 '나↔나'적인 사람인가? · 064
당신은 '나↔물질'적인 사람인가? · 067
당신은 '나↔너'적인 사람인가? · 068

배짱있게 살아갈 용기 04 문제를 해결하는 정답

문제를 해결하는 정답 · 072
적극적인 생각을 유도하라 · 076
문제해결을 위한 7가지 비결 · 077
문제해결을 위한 10가지 충고 · 084

배짱있게 살아갈 용기 05 적극적인 사고의 게임

적극적인 사고의 게임 · 088
긍정과 부정의 놀라운 차이 · 093
자신을 믿는 사람이 승리한다 · 104
자신을 갖기 위한 10가지 법칙 · 106

배짱있게 살아갈 용기 06 기적을 창조하는 정열

기적을 창조하는 정열 · 110
정열적인 행동을 나타내라 · 111
정열적인 행동을 억제하는 장애물 · 112
놀라운 힘을 기르는 비결 · 113
기적을 창조하는 정열적인 행동 · 117

삶이 주는 위대한 교훈 · 119
정열적인 힘을 유지하는 9가지 비결 · 122
적극적인 자극으로 자신을 유도하라 · 131

배짱있게 살아갈 용기 07 당신은 어떤 사람인가

당신은 어떤 사람인가 · 136
당신은 어느 종류에 속하는가? · 145
망설임을 없애는 비결 · 146

배짱있게 살아갈 용기 08 두려움을 벗어버려라

두려움을 벗어버려라 · 160
두려움의 제거 · 163
실패에 대한 두려움을 없애려면 · 165
두려움을 없애기 위한 적극적인 사고 · 171

배짱있게 살아갈 용기 09 위기는 위험과 기회이다

위기는 위험과 기회이다 · 176
도전은 인생의 중요한 의미이다 · 178
위기는 전환을 가져온다 · 178
치료가 없다면 건강도 없다 · 178
위험은 안정의 필수조건이다 · 179
위대한 근거와 위대한 운동 · 179
석양이 없다면 새벽도 없다 · 179
필요가 없다면 기회도 없다 · 180
투쟁이 없다면 창조도 없다 · 180

　　　　　죽음이 없다면 부활도 없다 · 181
　　　　　인생의 참다운 의미 · 182
　　　　　문제가 생기면 먼저 즐거워하라 · 182
　　　　　사물을 경시하지 말라 · 183
　　　　　무한한 에너지를 가진 사람 · 184
　　　　　짜증 때문에 피로가 생긴다 · 186
　　　　　꿈이 없기 때문에 피로가 생긴다 · 187
　　　　　주저 때문에 피로가 생긴다 · 187
　　　　　죄책감 때문에 피로가 생긴다 · 187
　　　　　소극적 사고방식 때문에 피로가 생긴다 · 188
　　　　　무한한 에너지의 열쇠들 · 190

배짱있게 살아갈 용기 10　경쟁의 대상은 자신이다

　　　　　경쟁의 대상은 자신이다 · 192
　　　　　직극적으로 경생하는 법 · 198
　　　　　자신감은 산을 옮긴다 · 199
　　　　　실패는 당신 자신이 만든다 · 203
　　　　　소극적인 자기 이미지의 원인과 치료 · 203
　　　　　실패에 대한 치료 · 205

배짱있게 살아갈 용기 11　다이아몬드와 흙

　　　　　다이아몬드와 흙 · 210
　　　　　위기를 대처하기 위한 몇 가지 방법 · 212
　　　　　실패의 원인 12가지 · 217
　　　　　8개의 거짓된 전제(前提)와 작용 · 217
　　　　　12개의 난처한 감정 · 218

이기주의로 오해받는 행동 · 219
미래에 대해서 해야 될 일 · 220
승리를 위한 8가지 방법 · 220
최악의 고통에 대한 12가지의 처방 · 221
문제 해결의 비결 · 222
만족과 고뇌에 대한 조절 · 224
되풀이되는 접촉 · 225
남의 의견의 가면을 벗겨라 · 225
인식(認識)의 중요성 · 226
소크라테스의 방법 · 226
문제를 메모하는 습관 · 226
자료수집과 분석 · 227
가능한 많은 사실을 수집하라 · 227
자유로운 생각 · 228
비교 · 228
가장 멋지게 버리는 기술 · 229
실제적 요소 · 229
7단계의 계획 · 230
융통성의 가치 · 230
삶의 자세에서 더 많은 것을 얻는다 · 231
활동력을 일으키는 지혜 · 231
'만약'의 철학 · 232
두려움을 분노로 극복하라 · 232
기회의 힘 · 233
다이아몬드와 흙 · 233
실험을 계속하라 · 233
도움을 청하라 · 234

배짱있게 살아갈 용기 12 슬픈 기억은 잊어버려라

슬픈 기억은 잊어버려라 · 236
실패를 안겨 주는 12가지 잘못 · 238
실수의 72가지 · 240
고난을 극복하는 10가지 · 244
당신 자신의 마음을 알자 · 245

배짱있게 살아갈 용기 13 自己愛는 건강한 자존심이다

자기애는 건강한 자존심이다 · 254
강력한 자기애 형성을 위한 11가지 단계 · 259

배짱있게 살아갈 용기 14 내일은 당신을 환영한다

내일은 당신을 환영한다 · 276
닉천가의 경영전략 · 281
아이디어에 관하여 · 283
돈과 기회와 시간 · 285
사람들 · 289
달란트와 훈련 · 290
에너지 · 291
위험 경영 · 293
결정 경영 · 294
문제 경영 · 294

Prologue

**긍정적인 사고로 배짱있게 살아갈 용기를 가져라,
당신에게 적극적이고 성공적인 삶이 보장될 것이다**

'수많은 책 중에서 얻어지는 것이 많고, 읽을 만한 가치가 있는 책이 있다면 독자들은 틀림없이 그 책을 선택할 것이다. 이 책이 바로 그런 책이 아닌가 싶다.

나는 이 책을 읽으면서 몇 번이나 머리를 끄덕이며 가슴이 뛰는 것을 느꼈는지 모른다. 불현듯 되살아나는 자신감에 힘이 솟았다.

이 책은 우리의 의식 구조가 지금까지 상상하지도, 발견하지도, 개발하지도 못한 삶의 기초적인 바탕이 무엇이었는가를 구체적이면서도 설득력 있는 언어로 당신을 끌어 들일 것이다.

또한 이 책은 당신이 얼마나 훌륭하고 가능성 있는 존재인지를 발견하게 한다. 그러니 이 책을 통해 배짱있게 살아갈 용기를 갖기 바란다.

우리 인간 개인에게서, 인류역사에게서 하나의 전환점이 있기 마련이다. 어쩌면 하찮게 생각하여 지나칠 수도 있는 그 전환점이 먼 훗날에 가서 보면 개인의 운명을 좌우하는 계기였음을 깨닫게 될 수도 있다.

따라서 이 책이, 자기 이상의 실현에 대한 욕구가 가득하지만 방향을 찾지 못하고 방황하는 사람들에게 잠들어 있는 정열과 재능을 일깨워 주는 각성제가 되었으면 하는 마음 간절하다.

어떤 장애물이 앞길을 막아도 물은 거침없이 흐른다.
둑을 만나면 잠시 흐름을 멈추기는 하지만
이내 둑을 헤치고 나아간다.

또한 물은 둥근 그릇에든 모난 그릇에든 어디에도 담긴다.
이처럼 물은 융통성이 있으며
자유로운 가운데서도 강력한 힘을 갖고 있다.

노자

배 짱 있 게
살아갈 용기

적극적으로
생각하라

실패한 것처럼 느꼈을 때, 사실은 성공한 것이나 다름없다.
자기변명과 실패의 두려움, 불가능의 덫은 적극적인 사고방식의 방해물이다.
불가능이라는 것을 절대로 용납하지 말라.

적극적인 사고를 위해

때로는 스스로에게 미안하지 않을 만큼 열정과 노력을 다했어도 바라고 원했던 일이 제대로 이루어지지 않아 실망을 느낀 적은 없는가?

또 재능이나 지식, 노력, 테크닉 등이 확실히 당신보다도 못해 보이는 사람이 앞질러 가고 있는 현실과 마주하고 있지는 않은가?

그래서 당신은 스스로의 목표마저 잃어버리고 '왜 나는 뜻한 바를 이루지 못하였는가?'라고 괴로워하고 있지나 않은가?

여기서 당신은 새롭게 자신을 점검해야 할 필요가 있다.

도대체 무엇이 잘못되었는가?

오늘의 결과가 너무나 초라해진 이유는 무엇이며, 또 그러한 결과를 초래하게 된 원인의 대상은 누구인가?

만약 당신의 마음속에 간직해 왔던 꿈과 희망이 시들었다면 그 원인은 누구에게 있는 것일까?

당신 자신의 오늘이 보다 더 향상되지 못하고 발전하지 못한 것은 과연 누구의 잘못이며 그 원인은 어디에 있는 것일까?

먼저 당신은 스스로가 원하는 사람이 되기 위해 어떤 각오로 출발하였는가를 생각해 보라.

당신의 인생에서 퇴보와 좌절하게 만드는 것이 바로 당신의 소극적 사고방식이다. 그러므로 좋은 성과를 얻으려면 먼저 소극적 사고방식을 분석하여 발전하지 못하고 침체하게 된 원인들을 찾아내야 한다. 그리고 그 침체된 상황들을 바로잡기에 앞서 그 원인이 어디에 있는지를 분명히 판단해야 한다.

소극적인 사고방법을 없애는 중요한 첫 번째는 자신의 책임을 남에게 전가시키지 않는 것이다.

만약 사업이 실패하게 된 원인을 어떤 시스템이나 체제 때문이라고 생각한다면 그것은 소극적인 사고방식이다.

"내 기분은 좋지 않아. 내가 성공하지 못하는 책임은 나를 잘못 교육시킨 데 있어!"라는 말은 참으로 어처구니없는 이야기이다.

자기변명을 하지 말아라

'어떤 시스템이 나를 제약하기 때문에 성공할 수가 없다'

만약 지금 이런 불평을 늘어놓는다면 그것은 정말 당신이 불쌍하다고 밖에 표현할 수 없다. 이는 현실에서 결코 있을 수 없는 부정적인 이야기에 지나지 않기 때문이다.

오늘날 우리는 어려운 여건에도 불구하고 많은 사람들이 나름대로 성과를 내고 있는 것을 본다. 자기 인생을 성공으로 이끌고 있는 그들은 위의 주장을 하나의 변명이라고 간주한다. 당신은 분명히 이 말을 명심해야 한다. '당신의 침체 원인에 대한 책임 규명을 올바로 할 때까지 현재 직면하고 있는 문제들을 완전히 해결할 수 없다'라는 것을.

'다른 사람들—나보다 더 어려운 사람들도 그 일을 하는데 왜 나는 못하는가?'라고 스스로에게 반문해 보아야 한다.

인류 역사에서 실제로 폭군은 다름 아닌 소극적인 사고방식을 가진 사람이다. 그리고 실제로 가장 억압당하고 있는 사람도 마찬가지로 소극적인 사고방식의 소유자이다. 이 사람이야말로 생각이나 계획, 조직, 제도, 전통 및 계층을 잘못된 것들로 보아 없애거나 정지시키는 사람들이다.

그러나 적극적인 사고방식을 갖고 모든 일을 적극적으로 추진하는 사람은 '완전함'이란 개념에서 프리한 사람이다. 그는 모든 생각이나 계획, 조직, 제도, 전통 등이 사람에게는 잘못된 면도 있을 수 있다는 것을 알고 있다. 그래서 '좋은 점은 무엇인가?', '이 제의에는 어떤 가치가 있는가?'라고 반문한다. 또 어떤 일에 하나의 가치성을 인정했을 때는 다시 세분하여 분석한다. 어떤 상황 하에서도 소극적으로 대처하지 않고 새로운 측면에서 승화시킬 수 있다고 확신한다.

만약 그가 가능성을 연구하는데 몰두한다면 적극적인 가치를 분석하여 정화시키고 다시 개발하여 가치 있는 결과를 찾아 낼 것이다. 필자는 이것을 '승화된 탐구'라고 부른다.

적극적인 사고방식의 사람은 어떠한 가능성에 대해 항상 긍정적인 생각을 한다. 또한 어떤 문제투성이의 일에 적극적으로 찬성하기 전에 그것을 고치고 바꾸고 딜레이시킬지는 모르지만 그렇다고 가능성 있는 좋은 제안에 무턱대고 반대만은 하지 않는다. 이는 불가능하다는 것 자체만으로 좋은 생각에 찬성하지 않는 이유가 될 수 없기 때문이다.

창조력이란 적극적인 사고력을 가진 사람이 여러 가지 어려운 문제에 부딪힐 때 그 문제를 해결함에 있어 적극적인 사고방식으로 대하는 것이다. 물론 여기에서의 어려운 문제란 실제적으로 불가능하다고 생각하고 있을 경우이다. 다시 말해서, 적극적인 사고방식을 가진 사람은 악(惡)을 제거한다고 해서 선(善)까지 버리지는 않는다.

즉, 어떤 문제가 도덕적, 윤리적, 종교적인 가치 체제를 침해한 경우에만 서슴없이 부정적인 의사표시를 한다.

당신이 소극적인 생각으로 의지가 꺾일 때, 바로 그 순간에 당신 스스로를 낙오자로 몰고 가는 장본인이 된다. 여기서 부정적인 생각이란 마음에 허점이 있을 때 마음속으로 숨어들게 된다. 당신의 마음에 허점을 허용하는 순간, 곧 무책임한 행동을 하는 순간에 당신은 스스로를 억압하는 사람이 된다. 당신, 다른 사람이 아닌 바로 자신의 마음 가운데 꿈을 시들게 하고 기회를 놓치게 하고 성공을 가로막는 소극적인 생각을 받아들이고 키우며 그 속에 사로잡혀 있다.

　이 세상의 대부분의 사람들 가운데에는 오직 한 사람만이 당신의 꿈을 시들어 죽게 하는 결정적인 표를 던지고 있다. 그 사람이란 다른 사람이 아닌 바로 당신 자신이다. 당신이 스스로 목표를 잃고 희망에서 좌절되고 침체되며 꿈을 포기하려고 마음먹을 때, 바로 당신은 자신의 꿈을 말살시키는 폭군으로 변신하고 있는 것이다.

앞을 가로막는 불가능의 덫

그렇다면 어떻게 해야 자신을 일으킬 수 있는가? 그것은 당신 자신의 잠재력을 일깨울 때에야 일어날 수 있다. 다시 말해서 마음속에 있는 '불가능의 덫'을 헐어버려야 한다.

　그러면 '불가능의 덫'이란 무엇을 의미하는가?

　월남 전쟁에 참전한 한 퇴역 군인이 청중들 앞에서 연설할 때 위의 질문을 하고난 다음, 월남에서의 자기 자신의 경험을 이야기함으로써 그 질문에 대한 답을 주었다. 그는 4년간이나 베트콩의 불가능의 덫에 전쟁 포로로 갇혀 있었다. 월맹에 있는 공산주의 게릴라들은 항상 무성한 정글을 통해 활동하였기 때문에 포로들을 고정된 포로수용소에 수용하지 않고, 재빨리 흩어져 움직일 수 있는 조그마한 이동식 감방에 전쟁포로들을 수용하였다. 불가능의 덫이란 바로 이 수용소가 고안된 것이다. 그 조그만 이동식 수용소는 대나무로 만들어져 있는

데 평균 길이가 5피트이고 넓이는 4피트쯤이어서 키가 큰 미국인으로서는 다리를 뻗을 수가 없었다.

전쟁 중엔 해마다, 적어도 어떤 경우에는 6년간이라는 긴 세월 동안을 미국인 포로들은 이 이동식 감방에 갇혀 있어야만 했다. 해군이었던 이 퇴역 군인은 이 속박으로부터 무사히 탈출했는데, 그는 모여든 청중에게 이렇게 말했다.

"어느 날 밤, 나는 대나무로 된 덫 하나를 푸는데 성공했습니다. 바로 그 덫 하나를 푸는 것이 다리를 뻗을 수 있는 계기였고, 거기서부터 나는 비로소 탈출할 수 있게 되었습니다."

사람에게는 누구나 다 무한한 가능성이 있다. 그런데 이 가능성은 각자 스스로 마음속에 있는 불가능의 덫에 사로잡혀 그 기회를 잃고 있다. 인간에게 있어서 '꿈'은 대단히 중요하다. 인간이 꿈을 갖고, 그 꿈을 그려보며 어떤 가능성을 확신하는 능력보다 더 큰 능력은 없다. 인간으로서의 창조적 상상력을 마음의 불가능의 덫에서 자유롭지 못한 채 살다가 죽는 사람보다 더 비극적인 삶은 없을 것이다. 어린 시절부터 청년기를 거쳐 성인에 이르기까지 우리는 마음속에 창조적인 능력을 속박하는 불가능의 덫이 만들어질 수 있도록 허용하고 만다. 앞의 실례(實例)에서처럼 인간의 창조력에는 무한한 가능성이 내포되어 있다. 그래서 어떤 아이들은 창조적인 두뇌를 억압하는 여러 가지 어려운 문제를 해결하는데 있어서 최고의 기업 경영자들을 능가하는 해결책을 제시하는 경우가 있다. 흔히 우리는 나이가 들면 들수록 그

만큼 창의력을 억압하는 경향이 있다고 한다.

당신은 진실로 당신이 원하는 사람이 되기를 바라는가? 그러면 먼저 마음 속 깊이에 도사리고 있는 불가능의 덫에서 탈출하도록 노력해야 할 것이다.

실패의 두려움을 떨쳐 버려라

당신의 마음속에서 불가능의 덫을 형성하는 가장 큰 빗장은 바로 당신이 느끼는 '실패의 두려움'이다. 뛰어난 창조력을 속박하는 가장 큰 장애는 바로 실패하지 않을까 하는 두려움이다. 그 이유는 무엇인가? 실패의 두려움은 실제로 당황과 두려움이며 이것은 또 주저함과 망설임의 모체가 된다. 그러므로 모든 인간이 갖추어야 할 가장 절실한 필요사항의 하나는 '자기 존경'이다.

우리는 본능적으로 자신의 존엄성이 타인에 의해 침해당하지 않도록 회피한다. 우리의 본능은 안일함을 추구하고 수치스러움을 피하려고 한다. 그래서 이로 인해 어떠한 시작도 꺼려하는 경향이 있다.

이제 이러한 속박감과 소극적인 생각에서 벗어나야 한다. 여기에 당신을 성공으로 이끄는 열쇠가 있다. 실패는 결코 죄악이 아님을 기억하라. 오히려 목표를 낮게 세우는 것이 죄악임을 명심하라. 승리하지 못한 것이 결코 죄는 아닌 것이다.

어떠한 커다란 목표에 도전하여 실패했다는 것은 당신의 인생에서 다른 어떤 일보다도 가장 위대한 일이 될 수도 있다. 필자는 언제나 무엇이든 해 보려고 끝까지 노력하는 사람들을 만나기를 즐겨한다.

참된 실패는 당신이 할 수 있는 능력만큼 높이 도달하지 못한 실패이다. 이 세상 어떤 사람도 분명한 실패의 쓴맛을 체험하지 않고는 그 자신이 성공하였다는 사실을 의미 깊게 깨달을 수는 없다. 장대높이뛰기 선수는 그가 뛰어올라 장대를 떨어뜨려 보기 전에는 원하는 만큼의 높이를 뛸 수 있다는 확신을 가질 수 없다. 실패할 때까지 계속 목표를 높게 세워라. 그 순간만이 당신이 원하는 정상에 이르렀다는 실감을 체험하게 될 것이다. 보기에는 실패한 것처럼 느껴질 때, 사실은 성공을 한 것이다.

직면한 문제는 빨리 해결하라

지금 직면하고 있는 문제가 당신의 꿈을 시들게 하는 자연스러운 유혹이라고 생각하는가? 그렇다면 분명히 지금 마음속에는 부셔버려야 할 '불가능의 덫'이 도사리고 있는 것이다. 어떻게 하면 불가능의 덫을 부수고 창조적 의지를 해방시킬 수 있을까? 문제 해결의 적극적인 원리를 개발하는 것이 이 순간의 당신에게는 절대적으로 필요하다.

"당신이 직면한 문제는 빨리 해결하는 것이 좋다. 그렇지 않으면, 그 문제에 얽매이게 될 것이다."

당신은 현실이든 상상이든 인생을 어떤 문제에 얽매이게 하여 그 문제에 무릎을 꿇지 말라. 긍정적인 생각을 갖고 적극적으로 살아가는 사람은 어려운 문제에 부딪칠수록 더욱 더 용기를 갖는다. 그는 그 어려운 문제가 바로 자기 생애의 새로운 창조를 위한 기회라고 생각한다.

어떠한 문제에 대해, 소극적인 사고를 가진 사람은 멈추는 힘이 있으며, 적극적인 사고를 가진 사람은 시작하는 힘이 있다. 어떠한 문제는, 소극적인 사고를 가진 사람을 불구자로 만들지만, 적극적인 사고를 가진 사람은 건전하게 만든다. 그러므로 이제 새롭게 결심하라. 어떤 문제도 당신의 꿈을 시들게 하지는 못할 것이라고! 만약 당신이 어떤 문제를 생각해낼 만큼 현명하다면, 그 문제 또한 해결할 만큼 현명하다는 사실도 기억해야 한다. 당신의 상상력이 어떠한 기회를 창조하는 것만큼 빨리 주위에 산재해 있는 문제점들을 생각해 본다면 그것은 좋은 일이다. 이것은 신(神)께서, 당신이 어떠한 목표에 대한 시도를 할 만큼 굳은 신념을 가졌는지를 시험하기 위한 하나의 방법일지도 모른다. 만약에 당신이 여러 가지 가능성으로 가득찬 큰 장애물을 마음속에 그려본다면 이는 매우 귀한 일이다. 이는 신이 당신에게 기적을 행한 중요한 기회이다. 이 사회에서는 수많은 기적들이 날마다 일어나고 있다. 그런데 왜 당신은 당연히 당신의 몫을 주장하고 고집할 만큼 대담하지 못한가?

과거의 불쾌한 기억에서 벗어나라

당신의 마음속에 도사리고 있는 불가능의 덫이 되고 있는 요인 중 하나는 불쾌한 기억이라는 것이다. 당신은 오래된 상처와 실망, 좌절과 과거의 실패에 대한 유쾌하지 못한 기억으로 인해 괴로움을 당하고 있지는 않는가?

당신은 참으로 꿈 많은 장래를 이 부정적인 늪 속에 빠뜨려서는 안 된다. 불쾌한 과거의 기억들은 과감히 잊어야 한다. 과거의 불쾌한 기억이라는 이 악령들이 마음속에 결코 스며들지 못하게 물리쳐야 한다. 그래서 과거에 이루지 못한 후회가 아닌 앞으로의 찬란한 꿈이 당신의 일생을 지배하게 하라.

지금까지 당신의 마음 어딘가에 갇혀 있었던 무한한 창조력을 과거의 불쾌한 기억으로부터 벗어나게 하라. 오늘이야말로 바로 새로운 목표를 향해 희망의 닻을 올려야 할 때이다. 내일 당신에게서 솟아날 놀라운 가능성을 머릿속에 그려 보라. 그러면 머지않아 과거의 억압된 기억을 지우고 행복한 기억을 간직하는 일만이 당신의 유일한 취미가 될 것이다.

이제 당신의 마음에 있는 불가능의 덫의 빗장이 하나 풀렸다. 미래를 향해 뛰다보면 때로는 원하지 않는 체험을 하게 될 때도 있을 것이다. 그러나 결코 두려워하지 말라. 오히려 용기 있게 미래의 꿈을 위해 시도하지 않는다면 행복한 생활을 시작할 수 있는 큰 기회를 잃게 된다는 사실을 두려워하라.

당신의 마음속에 남아 있는 불쾌한 기억은 당신을 제자리걸음을 시킬 것이며 끝내는 퇴보의 현상을 만들 것이다.

반드시 이룰 수 있다는 신념을 가져라

우리의 창조력을 방해하는 불가능의 덫의 요인은 문제 해결에 대한 신념의 결핍이다. 만약 당신이 현실에 대한 열등의식을 갖고 있다면 실패는 보상받을 수 없는 하나의 재난이 될 것이다. 또한 직면하고 있는 문제가 당신을 속박하고 괴롭히는 것이라고 생각하고 그 생각에만 빠져 있다면 이미 당신의 마음속에는 소극적이고도 부정적인 사고가 싹트고 있는 것이다.

"나는 그것을 할 수 없어! 그것은 나에게 결코 되지 않을 거야."

이러한 부정적인 사상이나 생각은 마음속의 불가능의 덫에 또 하나의 다른 빗장이 될 것이다. 이 속박의 쇠사슬을 과감히 끊으라.

어떤 여행자가 바닷가를 걸어가다가 한 어부가 커다란 고기 한 마리를 잡아서는 그 크기를 재어보고 다시 물에 던져버리는 것을 보았다. 그는 두 번째 고기를 잡아서는 또 크기를 재어본 후 이번에는 그 고기를 바구니 속에 담았다. 첫 번째 고기보다도 더 작은 고기인데도 어부는 그가 잡은 모든 고기들(10인치 이상 된 것)을 다시 바다 속으로 던져 버렸다. 그가 바구니 속에 넣은 것은 10인치 미만의 작은 고기뿐이었다.

그 광경을 지켜보던 여행자는 하도 이상하여 그 어부에게 다가가

서 물었다.

"실례합니다만, 선생께서는 왜 작은 고기는 잡아서 바구니에 담고 큰 고기는 다시 버리십니까?"

그러자 그 늙은 어부는 계속 바다 속만 쳐다보며 표정하나 변하지 않고 이렇게 대답했다.

"왜, 궁금하신가요? 그 이유는 간단해요. 내 프라이팬의 크기가 꼭 10인치이기 때문이죠."

어리석은 탓일까? 물론, 그 어부는 어리석었다. 우리의 생애도 이와 마찬가지이다. 당신의 경험이 너무 한정되어 있고, 따라서 신념이 큰 기회를 붙잡을 만큼 개발되어있지 못할 때 당신은 마음에 해바라기처럼 떠오르는 가장 크고 훌륭한 꿈들을 스스로 던져 버리게 된다.

이제부터 새로운 꿈을 키워라. 그리고 꿈을 되도록 크게 생각하라. 크고 위대한 일은 크고 위대한 생각을 갖고 있는 사람만이 이루어낼 수 있다. 꿈이 작은 사람은 결코 큰일을 성공시킬 수 없다.

당신은 원하기만 하면 당신이 원하는 사람이 될 수 있다. 이는 실제로 가능한 일이다. 이러한 사실은 당신이 부정적이고 소극적인 불가능의 덫으로부터 풀려나기 시작할 때 비로소 깨닫게 된다.

신이 당신을 위해 계획하는 아름다운 생을 발견하는 큰 기쁨의 행렬에 부디 참여하라. 그리하여 정력적이고, 생산적이고, 적극적인 태도로서 문제에 임하는 적극적인 사고방식을 가진 사람들의 행렬에 주저 없이 참여하라.

**배 짱 있 게
살아갈 용기**

목표를 크게 가져라

육신이 죽는 것을 두려워 말라.
오히려 육신이 죽기 전에 꿈을 잃게 되는 것을 두려워해야 한다.
성장이 멈출 때 쇠퇴와 죽음의 씨가 돋는다.

목표를 크게 가져라

만약에 당신이 원하는 바가 다 이루어지고, 계획하는 일이 결코 실패하지 않는다고 가정하자. 그렇다면 어떤 목표를 세우고 싶은가? 그리고 만약 어떤 일을 하는데 충분한 재원을 확보할 수 있다면 어떤 꿈을 가질 것인가?

또 가정하여, 당신이 어떤 일을 수행하는데 30년의 기간이 주어진다면 어떤 계획을 세우고 싶은가?

뿐만 아니라, 당신이 어떠한 문제든지 풀 수 있는 지혜와 장애가 되는 모든 어려움을 물리칠 수 있는 능력을 갖고 있다면 어떤 계획을 손대고 싶은가? 또 어떠한 일에 종사하기를 원하는가?

그리고 당신은—오늘날 복잡한 생활의 드라마 속에서 과연 어떤 역할을 담당하기를 원하는가?

먼저 당신은 목표를 세우기 전에 하고자 하는 일의 역할을 분류하여 선택해야 한다. 그렇지 않으면 혼란과 좌절의 벽에 부딪치게 될 것이다. 여기에 성공을 위한 포인트가 있다.

그것은 당신의 역할을 분명히 하는 일이다. 다음에 목표를 크게 세워라. 그리고 그 목표를 위해 시간과 돈, 정력, 신뢰를 기꺼이 바쳐라. 그러면 분명히 성공할 것이다.

다시 처음으로 돌아가서 앞의 중대한 질문들을 주의 깊게 검토해 보기로 하자. 결코 과거의 실패로 위축되어서는 안 된다. 내일 해가 뜨면 새로운 날의 새 빛이 열린 문을 통해 당신에게 비칠 것이다. 이 열린 문을 통해 쏟아지는 빛줄기는 당신에게 다시 시작되는 곳이라는 새로운 세계로 들어가도록 인도할 것이다. 이들 개방된 질문을 다시 되풀이하여 읽음으로써 놀라운 체험을 의식하라.

당신은 하나의 목표를 세우기에 앞서 머릿속에 그 목표들을 먼저 그려 보라. 운동선수는 미리 준비 운동을 하지 않고는 그라운드에 들어가지 않는다. 앞의 질문들을 다시 한 번 읽어 보라. 그러면 당신의 창조적인 상상력이 놀랄만한 가능성에 집중하기 시작한다는 사실을 알게 될 것이다.

이제 당신은 앞으로 가꾸어야 할 인생의 목표를 다시 점검하고 다시 평가하고 바로 고쳐서 철저한 계획을 세워야 한다.

성공이나 실패는 바로 이 시점에서 시작된다. 만약 낮은 목표를 세운다면 그 성취함도 낮은 것에 불과할 것이다. 인생에 대한 목표를 세우는 작업은 생애의 어떠한 다른 요소보다도 더 당신이 이루고 싶은 만큼 이룰 수 있을지를 결정할 것이다.

사소한 일에도 계획을 세우는 습관을 가져라. 그러면 반드시 성공할 것이다.

자신의 목표를 세우는 것, 여기서 성공이냐 실패냐가 시작된다.

먼저 문제의 핵심을 찾아라

당신이 당면하고 있는 제반문제에서 역설적으로 오히려 '성공할 수 있는 기회'라는 보편적인 원리를 재발견해야 한다. 순간순간의 어려움은 전보다도 더 크고 더 뜻 깊고 더 활동적인 인물로 성장시키기 위한 시련이다.

이제 하나의 목표에 계획이 세워지면 일은 점차로 쉬워지기 마련일 것이다. 꼭 알아두어야 할 것은 스스로 하나의 목표를 세우는 데 있어 그 목표에만 전념할 것을 자신에게 약속해야 한다는 것이다.

당신이 직면한 문제에 대한 정신적인 자세는 매우 중요하다. 만약에 어떠한 문제에 대해 불가능한 일이라고 생각한다면 그때 가장 큰 문제는 바로 당신 자신이라는 것을 알아야 한다. 당신이 스스로 '가능한 일'이라고 믿기만 한다면 어떠한 어려운 문제일지라도 그것은 곧 실마리가 풀려 해결된다는 것을 깨닫게 될 것이다.

당신이 직면하고 있는 어려운 문제에 대한 열쇠를 찾았다거나 괴롭고 암담한 환경을 조절해 나갈 수 있을 때 당신은 자신의 체험이 개인적인 승리로 변하고 아울러 떳떳하고 행복한 마음으로 가득 차게 됨을 알 것이다.

이런 일이 있었다. 내가 사막 가운데서 차를 운전하고 있는 동안 내 차의 타이어가 바람이 빠지고 있었다.

그래서 차의 뒷부분을 잭크로 들어 올려서 간신히 타이어를 빼내려는데 그만 잭크가 갑자기 부러지며 차체가 아래로 떨어졌다. 그때 나는 큰 궁지에 빠졌다. 아무리 생각해도 차를 들어 올릴 방법이 없을 것만 같았다. 그런데 갑자기 "잠깐만 기다려요. 우리 구덩이를 파요"라고 아내가 외쳤다. 좋은 착상이라고 생각하며 아내의 말대로 구덩이를 팠다. 다행히 차가 서있는 곳은 포장이 안 된 도로여서 스파나를 이용하여 돌을 하나씩 파내고 모래를 한 줌씩 떠올리면서 구덩이를 파 가까스로 바람 빠진 타이어를 빼내고 스페어를 갈아 끼우는 데 성공했다. 나는 이 순간처럼 승리의 쾌감에 젖어본 적이 없다.

우리가 부딪치는 어떠한 문제든 그것은 우리의 인생에 승리를 안겨 주는 계기가 될 수 있으며 또한 그것은 우리들 자신을 감동적인 체험의 소유자로 성장시켜 줄 것이다.

만약 당신이 개인적으로 어려운 문제에 도전해 보지 못한다면 참다운 인생의 기쁨과 즐거움을 맛보지 못할 것이다

'승리'라는 낱말을 당신은 알고 있을 것이다. '승리(Triumph)'는 두 낱말로 이루어져 있었다. '시도하다(Try)'와 "그까짓 걸 못해! 내가 기어코 해내고 말았지, 음!" 하는 쾌감의 소리인 '음(Umph)'의 두 낱말이다. 따라서 승리란 어떤 의미에서는 '쾌감을 위한 시도'일 수도 있고, 또 어떤 의미에서는 '시도한 일에 대한 보상으로서의 쾌감'을 뜻할 수도 있다. 아무튼 승리는 시도할 때에 얻어지는 노력의 대가임에는 틀림없다.

하나의 목표를 세우는 데 있어 빼어놓을 수 없는 또 한 가지의 중요한 것은 당신이 주어진 인생을 어떻게 사느냐는 가치관의 문제를 생각해 보는 일이다. 만약 당신이 가장 큰 목표가 돈이나 물질적인 것이라면 어떤 목표를 세우기에 앞서 스스로 다음과 같은 질문을 해 보아야 한다.

"목표 달성을 위해 돈이 얼마나 들 것인가?"

"나는 얼마큼의 돈을 벌 수 있을 것인가?"

"목표 달성이 되었을 때 순이익은 얼마나 될 것인가?"

만약에 당신의 가치 관념이 자신의 안전에 있다면, 어떤 목표를 세우기 전에 이러한 질문을 하게 될 것이다.

"내가 목표를 세운다면 성공은 보장받을 수 있는가?"

"이 일은 모험이 아닌가?"

"나의 목표에 실패의 가능성은 없는가?"

인간인 우리 자신이 언제나 목표를 세우는 것이 아니라 목표가 언제나 우리 인간을 세운다.

만약에 당신이 어떤 가치관을 세운 후, 거기에만 깊이 몰두한다면 목표 달성에 필요하고 중요한 결단력이 빨리 생기게 될 것이다.

가능한 한 모든 자원을 총동원하라

지금 직면한 어떤 문제를 해결하기 위해 당신은 지금 손에 가지고 있는 자원들만을 생각하고 있지는 않는가. 오늘날 이 세상에서 이용할 수 있는 모든 자원들을 생각하라.

당신이 시간과 재능, 돈과 머리, 기술과 조직을 가지고 있지 않기 때문에 당신의 생각이 옳은데도 그 일을 시도하지 못한다는 것은 결코 변명이 될 수 없다. 지능과 돈, 정력과 기술은 이 세상에 무한히 존재한다. 그것은 마치 쇠붙이가 자석에 끌리는 것과 같이 큰 뜻과 사상과 아이디어를 가진 사람들에게 끌리고 있다.

시간은 당신의 목표에 결정적인 문제점이 될 수도 있다. 하지만 여러 가지 측면에 있어서 시간을 살 수 있다는 것이 충분히 가능한 일이다. 말하자면 계획된 일을 더 빨리 하기 위해 더 많은 사람들을 고용할 수도 있을 것이다. 그런데도 원하는 사람들을 고용할 여유가 없는가? 그렇다면 지금 시간이 문제가 아니라 바로 돈이 문제라는 것을 지적하고 싶다. 그리고 돈 문제는 일반적으로 시간문제보다도 훨씬 더 해결하기 쉽다는 것도 아울러 강조해 둔다.

시간이란 어떤 목표를 세우는데 있어 생각해야 할 가장 중요한 자원이다. 나는 스물여덟 살에 '가든 그로브 커뮤니티'라는 교회를 세우는데 성공했다. 그 당시 '여기 이 교회에서 앞으로 40년을 보낼 것이다'라는 꿈을 가졌다. 그러한 생각은 나의 꿈을 무한히 확대시켜 주는 동기가 되었다. 내가 그 교회의 강연장에 모인 사람들에게 특별히 경고한 것은 이것이다.

"당신은 지금 당신이 가지고 있는 시간을 절대로 과소평가하지 마십시오."

내가 태평양을 항해하면서 강연하던 때의 일이었다. 그때 '적극적인 사고'라는 제목으로 강연을 했었는데 강연을 주의 깊게 듣고 있던 한 청중이 나에게 이렇게 말했다.

"선생님, 제가 선생님의 이야기를 한 30년 전쯤에 들었더라면 좋았을 텐데요. 그랬더라면 저는 죽을 때쯤 백만장자가 되었을 텐데요."

나는 그의 나이가 약 57세 정도라고 생각했다. 그러면서 그에게 물었다.

"지금 당신은 몇 살입니까?"

이때 그는 미소를 띠면서 대답했다.

"68세 입니다."

이 대답에 나는 다시 힘 있게 도전적으로 그에게 다음과 같이 말해 주었다.

"당신의 나이는 당신의 목표를 시작하기에 결코 늦지 않았습니다. 당신은 아주 젊어 보이고 또 건강하게 보이므로 90세까지는 살 수 있을 것입니다. 지금까지의 30년은 없었던 것으로 생각하면 됩니다. 그리고 오늘 바로 시작하십시오. 그렇지 않으면 당신은 앞으로 20년 후에 '왜 나는 20년 전의 젊었을 때 나의 뜻을 펴지 않았는가?'하고 후회하게 될 것입니다."

만약 당신의 나이가 너무 들어보여 혹시 당신의 꿈을 이룰 만큼 살지 못할 것이라고 생각한 나머지 '이런 때엔 어떻게 해야 하는가요?'라고 반문할지도 모른다. 그러나 이때 당신은 신께서 주신 무한한 시간이라는 자원을 생각하라.

그의 아버지는 80살이 가까워서 사과 과수원을 시작했다. 그는 신께서 언젠가는 누군가가 즐거움을 누릴만한 풍성한 열매를 열리게 할 시간을 부여했다는 사실을 믿고 있었던 것이다.

바로 이 순간에 우리는 우리에게 있는 아직 개척되지 않은 무한한 자원들을 가지고 있다. 나의 한 친구가 한 번은 네 개의 책장에 달린 캐비넷이 어쩌다가 그 위로 기어 올라간 아들과 함께 넘어지는 것을 보았다. 그 순간 벌떡 일어나서 400파운드나 되는 무거운 캐비넷을 떠받치고 아들을 위기에서 구했다. 그 후 그는 이렇게 고백했다.

"그 때 나는 어디서 그런 무서운 힘이 솟았는지를 모른다." 신은 항상 원대한 꿈과 깊은 생각을 가지고 꼭 될 것이라는 것을 확신하는 사람들에게 무한정한 자원을 주신다는 사실을 기억해야 한다.

여기에서 다시 한 번 강조하고 싶은 것은 분명하게 목표를 세우라는 것이다. 그리고 그 목표를 종이에 또박 또박 써라. 그리고 당신이 원하는 목표를 그림으로도 나타내보라. 그러면서 그 목표들은 마음속에 자리 잡고 있는 잠재의식 속으로 불어넣으라. 다음은 보다 긍정적으로 당신의 희망은 꼭 이루어질 것이라는 확신을 되뇌어 보라. 당신의 목표를 마음 가운데 그려보고 말로 재삼 확인하여 보라. 그렇게 반복하는 동안에 당신의 잠재의식은 깨우쳐지고 당신의 목표는 몸과 마음에 깊이 새겨지게 될 것이다.

　이 마음에 품은 뜻을 매일 되풀이하라. 그러면 당신의 잠재의식은 계획한 목표의 실현을 향해 당신의 생활을 인도한다는 사실을 깨닫게 될 것이다.

　그때마다 이루고자 하는 일의 시간표를 작성하라. 그리고 당신 자신이 스스로 목표에 대한 추진력을 키우고 그 목표를 향해 멈추지 말고 꾸준히 전진하라. 이때 당신은 목표량이 이루어져야 하는 명확한 시간적인 한계를 세워야만 한다. 만약 그렇지 않으면 늑장이나 미움이 당신의 계획을 방해하고 더 나아가서는 결국 목표마저도 부서뜨리고 말 것이다.

　당신은 지금 자신에게 반문해 보라. 내가 이 세상을 떠나기 전에 내 생애에서 해야 할 가장 큰 일은 무엇인가? 그 후 그 '큰 일'을 하기로 작정하라. 만약에 그 큰 일이 더 많은 교육을 필요로 한다면 당신은 교육을 더 받아야 한다. 만약에 그 일에 더 많은 돈이 소요된다면 그 방법을 강구하라. 큰 뜻에 의해 세워진 목표의 성공은 새로운 계획과 시도를 행하는데 부지런한 사람에게 부여된다. 만약 당신이 기대하는 그 큰일에 더 많은 재능이 필요하다면 그 재능을 얻도록 결심하고 그

재능을 소유하도록 노력하라. 당신은 무엇을 하든 당신 주위에 산재해 있는 여러 기회들을 붙잡는데 결코 게을리 하지 말라. 신은 언제나 당신의 꿈이 마음 가운데 깊이 심어지기를 원한다. 당신의 꿈이 결코 '불가능하다'는 말의 허세에 좌절되지 않도록 하라.

당신의 생애에 있어서 가장 큰 위험은 세운 목표에 완전히 이르지 못하는 것이 아니다. 당신의 가장 큰 위험은 바로 세운 목표가 당신의 부주의에 의해 달성되는 것을 막는 데 있다. 하나의 목표를 갖는다는 것은 활동적인 사람과 제도에 결코 그치지 않은 활동이라는 사실을 알라. 당신에게 생명이 있다고 말하는 것은 강한 자극이다.

당신은 앞으로 육신이 죽는 것을 두려워해서는 안 된다. 오히려 당신의 육신이 죽기 전에 꿈을 잃게 되는 것을 두려워해야 할 것이다.

우주의 생의 원리가 여기에 있다. 어떠한 조직체이든 성장이 멈출 때 낙오와 타락과 죽음의 씨가 돋아나는 법이다.

당신은 목표를 놀랄만큼 크게 가져야 한다. 그리고 훌륭한 목표를 세워라. 확신을 가지고 노력하면 반드시 이루어 질 것이다.

3

배 짱 있 게
살아갈 용기

자기 극복의 기적

적극적 사고를 가져라. 믿음을 가져라. 결단력을 가져라.
스스로를 비난하고 속박하지 말라.
그들은 하고 있다. 당신도 할 수 있다.

자기 극복의 기적

지금은 은퇴한 유명한 축구황제 펠레는 어릴 때부터 훌륭한 축구선수가 되는 꿈을 가지고 있었다. 그는 항상 그라운드를 누비는 자신의 모습을 머릿속에 그리며 연습을 열심히 하였다. 그리고 그는 분명히 자신이 훌륭한 선수가 될 수 있을 것이라고 확신하고 있었다.

내가 아는 사람 가운데 로스앤젤레스에 큰 빌딩을 세 개나 가지고 있는 사람이 있다. 그는 어린 시절을 몹시 가난하게 보냈으며 그래서 어떻게 하든지 그 가난을 정복하겠다고 결심해왔다. 그는 열심히 일을 했고, 항상 머릿속에 큰 빌딩의 주인이 되는 것을 상상하고 있었다. 그리고 마침내 꿈을 성취한 것이다.

앞의 두 사람이 지닌 공통점은 무엇인가? 그것은 적극적인 자화상이다. 즉, 자기극복이라는 기적을 창조하는 힘이다. 앞의 두 사람은 이 힘을 필요로 하였고 또 이것은 모든 사람이 가져야 할 신념이다.

만약에, 당신이 자신감을 갖지 못했다면 지금 이 순간부터라도 일단 자신감을 가지는 것이 중요하다. 이 자신감이야말로 당신의 성공적인 미래의 문을 열어주는 데 커다란 도움이 될 것이다.

당신이 만약 앞으로 원하는 사람이 되기를 희망한다면 실패의 네 가지 위험 요소를 물리쳐야만 한다. 그 요소 가운데 가장 중요한 하나가 바로 자신감의 결핍이다. 따라서 당신은 자신을 믿어야 한다. 자기 자신을 극복하고 신념을 굳게 가진 뒤엔 제아무리 큰 산 덩어리라도 그의 뜻대로 옮겨 놓을 수가 있다.

헨리 포드는 다음과 같이 말했다.

"당신은 할 수 있는 것과 할 수 없는 것을 생각하라. 이 두 가지 중의 어느 하나가 당신에게 적합한 것이다."

우선 당신이 가장 절실히 원하는 것은 무엇인가? 정신적인 측면에서 조사한 개개인의 자화상은 다른 어떤 요소보다도 자신의 목표를 달성하는데 적극적인 효과가 있다는 과학적인 증거가 많다. 우리의 두뇌는 이제 복잡한 자동 안내 제도와 같은 역할을 담당할 것이다. 그리고 이러한 두뇌는 생활 속에서 당신이 앞으로 계획했던 정신적인 자화상을 실현할 수 있도록 자극시켜 줄 것이다.

또한 당신의 내면에 잠자고 있는 잠재능력은 당신을 유리하게 할 수도 있고 때로는 불리하게 만들 수도 있다. 당신은 원하는 목표 달성이나 자기 패배의 좌절 가운데 하나를 선택할 수 있다. 따라서 이것을 잘 이해하고 자기 극복의 실현에 적응시킬 때 우리는 인간이 가진 개성의 놀라운 변화를 체험할 수 있다. 당신의 생활에 깊이 배인 옛 습관이나 행동의 양식 또는 재능이나 능력 등은 자화상의 강한 원리를 믿고 적극적으로 부딪치고 행동하는 사람들의 의지에 의해 기적과 같이 변화될 수 있다.

자신의 의지로 찾는 성공의 지름길

당신의 마음에 그려지고 있는 성공의 지름길을 안내하는 작업이 바로 '자화상'의 정립이다. 나는 자신의 성공을 확신하는 자화상을 가지고 능동적이고도 생산적인 문제에 대해 해결을 모색한 사람들의 지속적인 성공을 많이 보아 왔다.

캘리포니아 주(州)에 있는 아주사 퍼시픽 대학 졸업식 때였다. 이때 가장 빛나는 영광을 차지한 사람은 문학사증을 받은 학생이었다. 졸업장을 수여받는 그 선택된 소수 가운데 세 학생이 서 있었다. 한 학생은 흑인이었고, 또 한 학생은 구릿빛 피부를 가진 인도 학생이었고, 또 다른 한 학생은 지팡이를 짚고 다니는 눈먼 소녀였다. 이 세 명의 학생은 모두 우등으로 졸업을 하고 있었다. 이들 셋은 모두 미국 내의 각 단과대학과 종합대학의 인명부에 기록되고 있다.

나는 그 세 명의 학생들이 모두 실패하기 쉬운 환경에 처해 있었다고 생각한다. 그리고 그들이 만약 실패했을 경우에 그들은 소극적이고 부정적인 태도로서 그들의 실패를 불행했던 과거나 편견된 사회와

제도에 그 책임을 돌릴 수도 있을 것이다. 그러나 이들은 자신들의 불리한 여건을 오히려 최선의 방법으로 이용하였다. 그 이유는 또 무엇인가? 또 그들은 자기에게 주어진 문제를 어떻게 좋은 방향으로 이용하였는가? 그들을 남다른 학생이 되게 한 것은 과연 무엇인가?

나는 그 눈먼 소녀에게 물어보았다.

"당신의 성공의 비결은 무엇입니까?"

그때 그녀는 명랑한 표정으로 자신의 신념을 말했다.

"제가 좌절하지 않고 성공할 수 있었던 저 혼자만의 비밀은 제가 몇 년 전에 배운 성경 말씀에 있습니다."

그녀는 자신감에 가득 찬 얼굴로 성경말씀을 인용하였다.

"나는 나에게 힘을 주시는 신(하나님)의 품 안에서 그 어떤 일도 해낼 수 있습니다."

어떤 사람은 자기가 처한 불리한 입장을 긍정하고 그 불리한 점에 얽매여 버리지만, 또 어떤 사람은 반대로 그가 처한 불리한 입장을 기회로 삼아 오히려 성공의 발판으로 삼는다. 흑인 학생과 인도 학생과 눈먼 학생은 모두가 공통점을 가지고 있었다. 그들은 모두 다 신의 기적의 힘 안에서 그들의 불리한 입장을 성공의 지름길로 변화시켰. 당신도 신의 무한한 능력 안에 설 때 당신의 모든 어려운 문제와 곤경은 곧 그와 함께 극복해 나갈 수 있다는 것을 믿게 될 것이다. 그리하여 마침내 당신은 원하는 정상에 올라설 수 있을 것이다.

먼저 확고한 신념을 가져라

당신은 스스로 확고한 신념을 가질 수 있느냐 또는 없느냐에 따라 성공의 속도와 크기가 결정된다. 당신의 성공과 실패를 결정하는 가장 중요한 힘인 이 확고한 '신념'을 갖기 위해서는 다음과 같은 네 가지의 특징을 이해하고 따라야 한다.

첫째, 상상력을 기르는 일이다.
신념을 갖고 있는 사람은 그가 장차 어떤 사람이 될 것인가를 결정하고 그 원하는 사람이 되는 것을 머리에 그려 본다. 그는 결코 현재의 처지나 위치에 속박되지 않는다.

둘째, 어떠한 계획을 전념하는 일이다.
신념을 가진 사람은 그의 꿈을 달성하고자 하는 욕망이 아주 강하여 온통 몸과 마음을 그가 세운 목표에 전념한다. 여기서 말하는 이 전념이란 어떠한 환경이나 역경에 구애받지 않고 흔들리지 않는 전념이다. 오로지 한 가지의 목표를 향해 전진하는 자의 힘은 정말 놀라운 것이다.

셋째, 확신을 갖는 일이다.
먼저 상상력을 동원하라. 그리고 당신이 세운 목표를 향해 전념하라. 또한 당신은 분명히 성공하리라는 것을 확신하라. 당신의 잠재능력을 일깨워라. 보다 적극적인 사고 속으로 당신 자신을 몰고 가라. 이 적극적인 생각은 당신의 신념을 더욱 개발시키고 확고하게 할 것이다.

아울러 당신의 적극적인 사고에 의한 성공을 다른 사람이 인정하게 하라. 그러면 또한 놀라운 일이 일어날 것이다. 만약에 다른 사람이 당신의 적극적인 성공을 믿게 되면 그들은 당신을 도와주기를 스스로 원할 것이다. 그리하여 그들의 도움은 당신의 신념에 새로운 박진감을 더해 줄 것이다.

넷째, 끝까지 계속하는 일이다.
당신은 당신의 목표에 대해 결코 단념하지 말라. 무슨 일이 있어도 결코 단념해선 안 된다. 끈기와 인내는 확고한 신념을 가진 사람들의 가장 중요한 특성이다. 성공을 원하는 당신의 앞날에 패배나 실패는 생각할 수도 없고 또 생각되어질 수도 없는 이단적인 개념이라는 것을 인식하라.

이 네 가지의 특성 가운데 가장 중요한 것은 '나는 할 수 있다'는 자신감이다. 올바르게 인도되고 긴설적인 비탕의 지신감은 비로 신의 전지전능한 능력이 된다. 신은 나약한 인간을 통해 그의 정신적인 힘으로써 능력이 없고 나약하고 좌절된 사람을 생기 있고 활발하고 능력 있는 사람으로 만든다. 그리하여 신의 능력 안에 선 모든 사람은 마침내 그의 생애를 위대한 목표에 온통 바치게 된다.

자신감을 잃지 말아라
세계 최초로 대서양에 케이블을 놓는 공사계획이 수립되고, 그 계획이 황당무계한 공상적인 이론에 불과하다는 비판을 받았을 때 시러스 W. 필드 씨는 '나는 할 수 있다'고 말했다.

학식 있는 많은 사람들이 "당신은 결코 고무풍선을 타고 미대륙을 횡단할 수는 없을 것"이라고 비웃을 때, 트레시 바니스 씨는 '나는 할 수 있다'고 말했다. 그는 무려 5개월 간이나 공중에서 삼천여 마일을 비행한 후에 그 일을 마쳤다. 변덕스럽고 예측을 불허하는 이상 기후의 움직임과 함께 캘리포니아 주(州) 샌디애고로부터 뉴저지 주(州)의 빌리스에 이르기까지 공중을 떠다니는 동안에 그는 정말 놀랍고 위험스러운 체험을 하였다. 그는 한 때 샌디애고의 동쪽 백마일 쯤의 거리에 있는 높은 산꼭대기에 불시착을 했다. 그때 등뼈를 다쳐서 3일 동안 병원에 입원하기도 했다. 그는 또한 로키 산맥을 비행하다가 길을 잃어버려 지상 경비원과 3일간이나 소식이 끊기기도 했다. 헤아릴 수 없을 만큼 여러 번 하늘을 나는 기구가 나무 위에 걸려 계획에 방해를 주었다. 그렇게 위험한 일정 속에서 피츠버그 근해에 착륙했다. 그러나 27세의 비행자는 그 일이 결코 험난하다는 생각을 갖지는 않았다. 그는 일부러 그랜드 캐년의 골짜기까지 내려가 비행기구를 놓아두고 콜로라도 강에서 목적지까지 수영을 하여 갔다. 레브라스카로부터 피츠버그까지는 바람이 잔잔했다. 바람과 많은 재난으로 두 번이나 시도했던 그 여행에 대해 '아주 멋진 여행이었다'고 바니스는 말하였다.

"나는 할 수 있다."

버트 덩컨 씨는 말했다. 그는 버림받은 남부의 흑인으로서, 고아원을 전전하며 자랐다. 그는 열세 명의 아이들과 더불어 아칸사스에서 미시시피에 이르기까지 돌아다니며 살았다. 영양실조로 교실에서 쓰러진 적이 한두 번이 아니었다. 그러나 결코 좌절한 적이 없는 그는 프린스톤 대학에서 심리학 박사 학위를 받은 후 샌디애고에 있는 캘리포니아 대학에서 의학박사 학위를 받았다. 당신이 성공하는데 있어서 실제로 중요한 것은 당신의 피부 색깔이 흰 색이냐 또는 검은색이냐에 있는 것이 아니다. 버트 덩컨 씨는 우리에게 다음과 같이 말해 준다.

"가장 중요한 것은 당신의 사고의 색깔이 어떠한가 입니다. 적극적인가? 아니면 소극적인가? 이제부터 적극적인 사고를 가지십시오. 그리고 멈추지 말고 계속 밀고 나가십시오. 당신은 당신의 피부 색깔에 당신의 의사를 반영시킬 수는 없습니다. 그러나 당신의 사고의 색깔은 당신 마음대로 결정할 수 있습니다."

'나는 할 수 있다'라고 배널로스 여사는 말했다. 열여섯 살에 멕시코에서 결혼을 한 그녀는 2년 만에 이혼을 당했다. 두 아이의 어머니인 그녀는 그 후 엘파소 세탁소에서 하루에 1달러씩 받고 일을 하였다.

그러던 중 캘리포니아가 더 나을 것이라는 얘기를 들었다. 마침내 두 아이를 데리고 로스앤젤레스로 가는 버스를 탔다. 그때 그녀가 가진 전 재산은 주머니 속에 들어 있는 7달러뿐이었다.

캘리포니아에서 그녀는 새 삶을 시작했다. 접시를 닦는 일은 물론 그녀의 힘으로 할 수 있는 일은 무엇이든지 즐거운 마음으로 하였다.

그녀는 최대한으로 돈을 저축했다. 그녀의 예금통장에 4백 달러가 저축되었을 때 한 흑인 할머니와 함께 조그마한 빵공장 하나를 샀다. 공장에는 빵 굽는 기계가 한 대 놓여 있었다. 그 흑인 할머니가 얼마 후 사업에서 손을 떼게 되었을 때 배널로스 여사는 그 할머니의 것까지 사들였다.

결국 배널로스가 경영하는 멕시코 식품회사는 미국에서 가장 거대한 도매 식품회사인 멕시코 아메리칸 회사로 발전하였다. 3백 명 이상의 종업원을 가진 이 회사의 1년 총 수입은 5백만 달러를 초과했다.

배널로스 여사는 멕시코 아메리칸 회사를 더욱 확장시키기로 했다. '우리는 우리들 자신의 은행이 필요하다'고 생각했다. 그녀는 로스앤젤레스에 판아메리칸 내셔널 은행을 세우는데 도전했다.

"나는 할 수 있다."

배널로스 여사는 말했다.

그녀는 전문가들의 부정적인 판단에도 불구하고 의지를 굽히지 않았다.

"멕시코계 미국인은 은행을 세울 수 없다."

"배널로스는 은행을 세울 자격이 없다."

"당신은 은행 설립 인가를 얻을 수 없다."

소위 전문가라고 하는 사람들이 그들의 양심을 일축하는 조소를 보냈을 때, 배널로스 여사는 '나는 할 수 있다'고 말했다. 그녀는 일을 방해하는 소극적인 잡음에도 결코 계획을 중단하려 하지 않았다. 그녀는 새로운 은행을 얻기 위한 면허를 인가받기 위해 세 명의 변호사를 선임했고 결국은 새로운 은행의 설립 인가증을 획득할 수 있었다. 그 후 배널로스 여사는 말했다.

"우리는 작은 트레일러를 사무실로 사용하여 새로운 은행의 문을 열었습니다. 하지만 그 지역에서 우리의 주식을 판다는 것은 중대한 문제점이 아닐 수 없었어요. 고객들은 우리에 대한 어떤 믿음을 갖고 있지 않았습니다. 나는 때때로 멕시코계 주민들에게 주식을 살 수 있을지 없을지를 묻곤 했었습니다. 그때 그들은 나에게 '배널로스 여사님, 당신은 우리 멕시코 인이 은행을 가질 수 있다는 생각을 어떻게 하셨나요? 여사께서도 아시다시피 우리는 15년간이나 노력해 왔지만 멕시코인은 은행가들이 아니잖습니까?'라고 되묻곤 했어요. 그래서 나는 결심했습니다. 이들에게는 어떤 새로운 믿음이 필요하며, 우리는 그들에게 우리에 대한 보다 강한 믿음을 심어 주어야 한다는 것을."

이제 그 은행은 로스앤젤레스에서 새롭고 획기적인 성공담의 하나로 남겨지고 있다. 은행의 자산은 약 2천 2백만 달러 이상이었는데 그 80%가 라틴계 출신의 예금자들이었다.

"멕시코 아메리칸 회사가 오늘날 직면하고 있는 가장 큰 문제는 무엇입니까?"

앞의 질문에 베널로스 여사는 이렇게 대답한다.

"멕시코 인들은 그들이 뒤떨어진 민족이라는 자신들에 관하여 만들어진 허무맹랑한 이야기를 그대로 믿고 있습니다. 나는 어렸을 때 멕시코에서 자랐습니다. 따라서 이제는 그 누구도 나에게 그 허황된 이야기를 믿게 할 수는 없습니다. 나는 멕시코 출신임을 자랑스럽게 생각합니다."

배널로스 여사는 지금도 최고도의 성장을 멈추지 않고 있다. 미국의 대통령에 의해 그녀는 미국 제34대의 재무성 출납국장이 되었다.

당신의 미래에 정열을 투자하라

배널로스 여사의 신념을 입증해 주는 멕시코 아메리칸 회사 이외의 다른 많은 사람들도 그들이 기대했던 목표를 달성한 예는 얼마든지 있다. 만약에 당신이 미래에 대해 아무것도 기대하지 않는다면, 그리고 만약 미래에 대해 당신이 가진 그 어느 것도 투자하지 않는다면? 결국 아무것도 아닌 무의미한 존재가 된다는 사실을 알아야 한다.

당신은 혹시 당신이 처한 사회가 모순되고 편견적이라고 해서 그 사회가 당신을 외면하고 있다는 열등의식을 갖고 있을지도 모른다. 또한 당신이 존재하고 있는 사회가 당신에 대해, 학벌이 없다느니, 영리하지 못하다느니 하는 이유를 들어 거절해 버렸을지도 모른다. 그러나 그러한 말의 허세에 결코 속아서는 안 된다. 때에 따라서 당신은 빈약한 선생을 가질 수도 있다.

하버드 대학의 심리학자인 로버트 로젠달 교수는 『리더스 다이제스트』지(誌)의 한 기사에서 다음과 같이 말했다.

"교사들이 학생들에게 적은 것만을 기대하였기 때문에 학교에서 몇몇 학생들이 성적이 부진한 결과를 초래하지 않았는가."

만약에 로젠달 박사의 얘기가 사실이라면 교사들의 기대감을 높이는 일이 바로 학생들의 능력을 높이는 일이 된다. 로젠달 교수는 그의 이론을 증명하기 위해서 실제로 여러 학급에서 새로운 학습 방법을 실험하였다. 그가 착안해 낸 교육방법에 의해 유치원에서부터 남녀가 함께 공부하는 초등학교 5학년 학생들에 이르기까지 공부하는 능력에 대한 새로운 테스트가 시도되었다. 여러 가지 시험이 등급으로 나누어져 한 학급에 5~6명의 학생들에게 시험되었다. 말하자면 담임교사에게 그 학생들의 이름을 적어준 것이다. 그로부터 1년 후 그 아이들은 뛰어난 학습 능력을 가진 '싱승아'들로 지적되있다. 교사들은 그 아이들의 이름들을 완전히 무작위로 추출해서 단순한 테스트에 의해 뽑은 것이라는 것을 알지 못했다. 다만 그 학생들은 원래부터 '능력을 가진' 아이들이었다고 교사들은 믿고 있었다. 그러나 선택 받은 그 몇 명의 아이들과 다른 아이들과의 능력의 차이는 오직 교사들의 마음(아이들에 대한 관심) 가운데 있었다.

위와 같은 테스트는 여러 해 동안 학기 말에 똑같이 시도되었다. 여기서 나타난 것은 선택된 그 아이들이 실제로 다른 아이들에 비해서 지능 지수도 훨씬 앞선 15 내지 22를 더 얻고 있었다는 사실이다. 이 선택된 아이들에 대해 이들의 교사들은, 다른 아이들보다도 더 행복하고, 더 관심이 있고, 더 애정이 가고, 장래에도 다른 아이들에 비해 더 성공할 기회가 많을 것이라고 말했다. 여기서 하나의 변화가 있다면 그것은 분명한 태도의 변화이다. 소수의 선택된 학생들에 대해 교사들이 더 많은 것을 기대하였기 때문에 그들은 그들 자신에 대해 더 많은 것을 기대하게 된 것이다.

위의 상황에 대해 로젠달 박사는 다음과 같이 말했다.

"이와 같은 상황은 교사들과 학생들 간의 보이지 않는 미묘한 상호작용에 그 이유가 있다. 교사들이 학생들에게 가르칠 때, 음성의 높고 낮음이나 얼굴의 표정, 촉감, 자세 등은 그들의 신념을 보다 바르게 전달할 수 있는 수단이 될 수도 있다. 그러한 전달 수단은 그들 자신에 대한 인식을 변화시켜 줌으로써 학생들에게 새로운 도움을 줄 수도 있다."

당신도 기억하라. 괴테는 이렇게 말했다.

"당신은 만나는 모든 사람들에게 그들이 앞으로 되고자 하는 자로서 대해 주십시오. 그리고 그들이 정말로 원하는 사람이 될 수 있도록 그들을 도와주십시오."

신은 당신을 도운다고 생각하라

어느 날 한 거지가 화실 근처의 길거리에 앉아 있었다. 그때 한 화가가 그의 창문을 통해 패배감에 젖어 절망의 계곡에 떨어진 그 거지의 얼굴을 모델로 하여 중요한 변화를 주면서 그림으로 그렸다. 그 변화란, 초점이 없이 허공중에 박힌 그 거지의 눈을 생기 있고 활기에 넘치는 의욕에 찬 사람의 번쩍이는 눈으로 바꾸어 그린 것이다. 그리고 그 화가는 또한 맥이 풀린 그 거지의 힘없는 얼굴을 강철 같은 굳은 의지와 결단성이 강한 모습으로 그렸다. 그림이 완성되었을 때 그 화가는 거지를 불러 자기가 그린 그 그림을 보게 하였다. 거지는 그 그림 속의 모델이 바로 자신이란 것을 알지 못했다.

"저게 누구입니까?"

그 거지가 물었을 때 화가는 조용히 미소를 띠우며 고개를 끄덕여 그를 가리켰다.

그 거지는 다시 초상화를 보면서 그 그림이 자신의 모습이라는 것을 의심했다.

"저 그림의 사람이 바로 저란 말인가요? 저 그림의 사람이 도대체 저일 수가 있을까요?"

거지는 머뭇거리면서 힘없이 물었다. 그러자 화가가 대답했다.

"그렇습니다. 바로 내가 당신을 보고 그린 그림이 저것입니다."

그 말을 들은 거지는 그 순간 그의 어깨를 똑바로 펴면서 이렇게 말했다.

"당신이 본 내가 바로 저 그림 속의 사람이라면, 나는 앞으로 저 그림의 사람처럼 될 것입니다."

신은 당신을 대할 때 아름답고 착한 사람으로 인정하고 또한 당신이 훌륭한 사람이 되기를 기다리신다. 만약 당신이 신이 원하는 바로 그 주인공이라는 사실을 깨닫는다면 결코 위축되지 않을 것이다. 그러므로 이제부터라도 과감히 일어서서 열심히 노력하고 그와 더불어 성공하라.

개미는 날개를 가지고 태어났고 그 날개 또한 사용할 수도 있다. 그리고 날아다닐 수 있다는 그 영광과 기쁨과 즐거움도 알고 있다. 그런데 그들은 스스로 날개를 떼고 기어 다니는 곤충으로서의 생을 결정했음을 보여 준다. 신은 그들에게 공중을 무한하게 날아다닐 수 있는 영광을 주셨음에도 그들은 기어 다니는 곤충으로서의 삶을 택한 것이다. 당신은 당신 스스로를 헐값에 팔아버림으로써 그와 같은 과오를 범하지 않도록 하라. 당신의 인생은 당신 자신의 선택에 달려있다.

당신은 분명히 성공할 수 있다

당신은 목표한 일에 도달하지 못한 적이 있는가? 당신은 당신 자신이 아무런 가치도 없는 존재라고 생각한 적은 없는가? 당신은 당신 스스로를 비난하고 속박한 적은 없는가?

그렇다면 그 속박에서 벗어나라! 당신이 스스로를 얽어 맨 그 속박은 다음 A, B, C를 지켜 행할 때 당신 스스로 능히 벗어날 수가 있다.

A. (Affirm); 적극적인 사고를 가져라.

"다른 사람들은 그것을 할 수 있다. 그들은 그것을 하고 있다. 그러므로 나도 할 수 있다."

B. (Believe); 믿음을 가져라.

"신은 나를 위해 더 영광된 삶을 준비하고 계신다!"

C. (Choose); 결단력을 가져라. (스스로 결정하라.)

"나의 의지를 속박하는 소극적인 생각으로부터 나를 해방시켜 그 생각을 부수어 버리자."

바스티유 감옥은 전제정치의 상징이 되었다.

"바스티유 감옥을 무너뜨린다는 것은 불가능하다."

모든 사람들은 그렇게 말했고, 또 모든 사람들이 그렇게 믿었다.

그런데 어느 날이었다. 감옥에 갇힌 죄수들이 인내의 한계를 넘어 그들이 절망적이라고 보았던 곳으로 밀려갔다. 그들은 그 감옥이 불과 30명의 기병들이 지키고 있음을 알고 놀랐다. 그들은 마치 미친 사람들처럼, 그러나 서로가 협력하여 목적을 위해 발버둥쳤다. 불과 4시간 만에 그 감옥은 무너졌다. 불가능하다고 단념했던 일이 가능한 일로 이루어진 것이다. 바스티유 감옥은 그렇게 하여 마침내 무너졌다.

수 년 동안을 당신은 당신의 속박에서 풀려날 수 없고 또 성공할 수 없다고 좌절해 버린 적은 없는가? 결코 좌절하지 말라. 분명히 당신도 할 수 있다. 그것은 위의 A, B, C처럼 쉬운 일이다.

자신감을 얻는 4가지 비결

1. 능력 있는 정신의학자들은 당신에게 많은 도움을 줄 수 있다. 만약에 당신이 소극적이고 부정적인 자화상을 가짐으로써 당신의 마음에 스스로 자살할 생각을 한다면 능력 있는 전문가의 도움을 받아야 한다. 당신이 원하는 한 전문가의 자세한 분석은 당신의 과거에 대한 몇 가지의 이기적이고도 부정적인 체험을 밝혀내는데 도움을 줄 것이다. 만약 당신이 그러한 상황에 처해 있다면 지체하지 말고 당신에게 신념을 줄 수 있는 적극적인 사고를 가진 정신의학자를 찾으라.

2. 당신에 대한 후원자들은 당신에게 자신감을 불어넣어 줄 수 있다. 어떤 사람은 자신감을 갖는데 있어서 전문가인 정신의학자의 도움을 받아야 할 필요성이 있고, 또 어떤 사람은 단순히 후원자의 도움을 받아야 할 필요성이 있고, 또 어떤 사람은 단순히 후원자의 도움만으로도 해결되는 수가 있다.

『악마의 옹호자』라는 작품을 쓴 모리스 웨스트는 그의 글에서 코트 깃에 신선한 카네이션을 달고 자신감을 가지고 세상을 살아가는 어떤 한 사람을 지적했다.

헤어스타일도, 또 새로운 꽃 한 송이도 위와 같은 작용을 충분히 할 수 있다. 다만 당신은 자신감을 느끼기 전에 마음에 약간의 개조가 필요할지도 모른다. 막스 웰맬츠는 보고서를 통해 성형외과는 자기 자신의 추함을 고치려는 사람들로부터 자신의 아름다움을 돋보이게 하려는 사람에 이르기까지 수많은 사람들을 변화시켰다고 말하고 있다.

그러나 그것들은 물리적인 뒷받침에 불과하다. 물론 그러한 것들이 당신에게 자신감을 갖게 하는데 필요한 후원자가 될 수도 있다. 하지만 영원한 자신감은 내부에 깊은 정신적 뿌리를 내리고 있어야만 한다. 이는 당신의 긴 생애를 통해 끊임없이 휘몰아치는 마음의 흔들림에 당신 스스로가 휘말리지 않기 위해서이다.

3. 당신을 격려해 주는 많은 사람들은 자신감을 채워주는 기적을 행할 수 있다. 따라서 용기와 자신감을 불어넣어 주는 사람들과 만나고 사귀도록 하라.

루즈벨트 대통령은 그의 세 아들이 군에 입대하고자 하는 뜻을 밝혔을 때 그 아들들을 아주 자랑스럽게 여겼다. 그러나 그의 넷째 아들까지 군에 입대하기로 뜻을 굳혔을 때 이를 완강히 거절했다.

"너희 모두가 내 곁을 떠나버릴 테냐?"

루즈벨트 대통령은 버럭 소리를 질렀다. 그러자 아내가 말했다.

"여보, 만약에 당신이 아이들을 독수리로 기르고자 한다면, 결코 아이들이 참새처럼 나는 것을 바라지는 않겠죠?"

작가이며 극작가인 윌리암 사로야는 13세 때 이미 자신감을 활용했다. 그는 타자기 한 대를 구입했다. 어느 날 한 번은 그의 존경하는 큰 아버지가 찾아왔다.

"애야, 그 괴상하게 생긴 물건이 무엇이니?"

타자기를 보고 큰 아버지가 물었다.

"타자기예요."

소년인 사로야가 대답했다.

"그것을 무엇에 쓰려고 하니?"

"글씨를 보다 뚜렷하게 쓰는데 사용하려고 해요."

사로야는 이렇게 대답하면서 타자를 친 견본을 큰 아버지에게 보여 드렸다.

"여기 적힌 것이 무엇이냐?"

"도달해야 할 목표를 타자로 친 것입니다."

"이게 누구의 말이니?"

"제가 생각해 낸 말이에요."

큰 아버지는 그 종이에 적힌 것을 주의 깊게 살펴본 후 다시 그에게 주면서 말했다.

"애야, 열심히 한번 해 보아라. 물 위에서 걷는 것도 결코 불가능한 일은 아니지."

그 후 윌리암 사로야는 이렇게 회고했다.

"그때 나는 할 수 있다는 것을 알았다."

큰아버지로부터 격려를 받았던 그때 이미 그에게는 그의 생애를 활기 있게 한 자신감이 형성되었던 것이다.

4. 담력은 자신감을 세워 준다. 담력이란 한마디로 왕성한 정신력이며, 또한 개개인으로 하여금 어떠한 일을 추진하는데 있어서 실패를 두려워하지 않도록 하는 힘을 북돋아 준다.

자신감이란 배우거나 살(買) 수 있는 성질의 것이 아니다. 이것은 우리 스스로가 붙잡아야 한다. 당신은 문제에 부딪칠 때나 기회가 주어질 때는 언제나 그 자신감을 붙잡아 스스로 활용하라.

담력은 당신을 전보다 더욱 굳세게 한다.

나의 사무실이 있는 캘리포니아의 가든 그로브 구역교회에서 약 1마일쯤 떨어진 곳에는 거짓말 같은 성공담의 증거인 디즈니랜드가 있다. 사실 그 창설자인 월트 디즈니보다도 자신의 자립심을 더 잘 설명한 사람은 아마 없을 것이다. 그는 과연 어떻게 그의 자립심을 얻었을까?

신화 속의 실존 인물 월트 디즈니, 그는 죽기 전에 나음과 같이 회고했다.

"내가 스물한 살이 되었을 때 난 처음으로 파산을 했다. 난 깡통에 든 차디찬 콩을 먹으면서 낡은 소파 위에서 잠을 잤다. 그때 나는 할리우드를 향해 출발했다. 나는 내가 할 수 없다는 것을 인정하지 않았다. 나는 스스로 기회를 붙잡아 어떠한 일을 시도하려고 하였다."

전 세계 영화계의 거물인 월트 디즈니는 그의 연이은 성공담을 실감 있게 털어 놓았다.

그는 또한 서커스단에 끼이기를 원했던 한 소년에 관한 얘기를 즐겼했다. 서커스 쇼가 마을에 들어왔을 때 밴드 마스터는 트럼펫 연주자가 필요했다. 그래서 그 소년을 고용했다. 그러나 그 소년의 트럼펫 솜씨는 엉망이어서 곧 해고를 당하게 되었다.

"너는 왜 나에게 트럼펫을 불 수 없다고 말하지 않았느냐?"

밴드 마스터는 그 소년에게 따지고 들었다. 그러자 그 소년은 간단히 대답했다.

"제가 어떻게 알았겠어요? 저는 아직껏 트럼펫을 한 번도 불어 본 적이 없었으니까요."

일의 시작은 한 걸음부터

위대한 목표 달성을 위한 시도, 이것은 걷는 법을 배우는 것과 같다. 어린 아이는 처음에는 비틀거리면서 한 발자국을 떼어 놓게 되며 또 다음 발자국을 옮겨 놓는다. 따라서 당신도 작은 일부터 시작하여 큰 목표에 대한 확신을 얻을 수 있다. 그리하여 차츰 성공함에 따라서 보다 큰 발을 내어 디딜 수 있다.

작은 일부터 시작하라. 그러면 꼭 성공할 것이다. 다른 곳이 아닌, 현재 서 있는 바로 그 곳에서 성공하라. 그리고 나서 다른 큰일을 찾아 발을 옮겨라.

"당신이 서 있는 바로 그 위치를 높이십시오."

에드워드 발리트는 지혜로운 말을 했다. 또한 부커 T. 워싱턴도 다음과 같이 말했다.

"당신이 지금 존재하는 그 위치에서 당신의 장애물을 제거하라!"

자기 뜻대로 원하는 사람이 될 수 있다

로렌스 웰크 씨는 몇 년 전에 『환희, 아, 이 감동을!』이란 자서전을 출간했다. 그의 이야기는 아주 감명이 깊어 나로 하여금 '독수리는 그의 어린 새끼가 나는 법을 배우게 하기 위해 그의 둥지를 흩뜨린다'라는 성경말씀을 생각나게 했다.

신은 때로 우리를 여러 가지 시험에 들게 하신다. 이는 우리로 하여금 일정한 틀에 박힌 정체에서 벗어나 아름다운 길로 나아가게 하기 위해서 우리를 깨우치시는 것이다.

로렌신 씨는 '놀라운 일'을 겪지 않았더리면 북 다고다에서 평범한 농부로 생애를 보냈을지도 모른다.

그가 10대의 어린 소년이었을 때였다. 어느 날 아침 그가 잠에서 깨었을 때 견딜 수 없는 심한 아픔을 느꼈다. 집에서 약 75마일 정도 떨어진 근처의 병원에 가서 진찰을 받은 후에야 충항돌기가 파열되었음을 알았다. 복막염으로 번져서 벌써 독이 온 몸을 해쳐가고 있었다. 우선 체내에서 독한 물질을 제거하기 위해 흡수관에 튜브를 끼웠다. 며칠 동안 열이 계속 올라갔다. 결국은 의사의 회생불가능의 진단이 내려질 찰나까지 그의 생명은 위험에 처해 있었다. 그런데 갑자기 놀랄만한 일이 일어났다. 그가 기적적으로 살아난 것이다. 그는 퇴원하여 수개월 동안 요양을 하면서 아버지의 낡은 아코디언을 켜기 시작했다.

그는 그의 생애에 신이 함께 하심을 믿었다. 그 후 다음과 같이 술회했다.

"신은 나에게 생의 두 번째 기회를 주셨다. 나는 그를 가장 기쁘게 해 드리는데 나의 생이 쓰일 것을 기도했다"

그는 그가 원했던 것을 마음속에 새긴 후 행동으로 옮겼다. 그리고 세운 목표대로 계속 밀고 나갔다. 그는 결국 꿈을 성공시켰다. 당신도 꿈을 분명히 성공시킬 수 있다.

꿈으로 가득찬 당신의 새로운 모습을 마음속으로 그려 보라. 벌써 지금 당신은 새로운 사람으로 변해 있다고 생각해라. 당신은 언제나 당신 뜻대로 원하는 사람이 될 수 있다고 믿어라.

자기 사랑을 굳게 가져라

지금까지 삶을 성공적으로 이끌기 위한 여러 가지 원칙과 방법들을 설명했다. 중요한 것은 그 원칙들을 실생활에 얼마큼 적극적으로 활용하느냐에 있다.

명심해야 할 것은 당신은 자신이 원하는 사람이 분명히 될 수 있다는 자신감을 갖는 일이다. 직장에서든, 개인적인 목표에서든, 당신의 모든 활동 범위에 있어서 반드시 성공할 수 있는 것이다. 그러나 당신은 원대한 꿈을 달성시켜 나아가는 동안 자신이 원하는 인간상(人間像)을 항상 마음에 새기고 있어야 한다.

개인적인 일이나 공적인(사회적인) 일에 있어서 '성공'보다도 더 중요한 것은 바로 당신이 그 과정에서 함께 키워나가야 할 의지이다. 이제 당신에 대한 마지막 충고는 '경고'와 '약속'을 모두 포함하고 있다. '위협'이 부정적인데 반해 '경고'는 궁극적인 말이다.

먼저 당신에게 경고하는 것은 성공하기 위한 수단으로 자기사랑(自己愛)을 더욱 굳게 가지라는 것이다. 당신이 자기(自己)를 외면함으로써 일자리는 얻을 수 있을지 몰라도 '인격'은 잃게 될 것이다. "사람이 온 천하를 얻고도 그 영혼을 잃는다면 무엇이 유익하랴"라는 예수님의 말씀을 기억하기 바란다.

두 번째로 당황하지 말고 앞을 향해 나아갈 수 있어야 한다. 당신이 이룩하려는 꿈은 반드시 성취될 수 있다. 또한 당신은 자신에 대한 사랑을 간직할 수 있다.

당신은 항상 스스로 부끄럽지 않은 사람이 되기를 원할 것이다. 지금까지 쌓아온 업적을 자랑하고, 그것을 이루기까지의 과정에 대해서도 자랑하고 싶을 것이다. 동시에 자존심을 갖고 싶어 할 것이다.

그렇다면 당신 자신에게 물어 보라. 그리고 냉정히 생각해보라. 당신은 과연 '어떤 류의 사람'인가?

당신은 '나↔나'적인 사람인가?

'나↔나'적인 사람은 자아(自我)가 불안하며, 이기적인 쾌락과 자기 마음대로 하는 데서 만족감을 찾는다. 그런 사람은 어떤 문제에 부딪치게 되면 다음과 같은 질문을 하게 된다.

"그것은 나에게 유익한 일인가?"

"나는 그것을 어떻게 극복할 것인가?"

"그 일은 나의 계획과 일치되는 일인가?"

이런 사람은 또한 자신에게 부딪친 일에 대해 다른 사람이 그것을 좋아하든 싫어하든 상관이 없다. 또한 그것이 다른 사람에게 유익하든 불리하든 상관없다고 생각한다.

'나↔나'적인 사람은 자기 이외의 다른 사람은 조금도 생각하지 않는 사람이다. 누군가가 울고 있든 말든, 누군가가 죽어가고 있든 말든, 그의 대답은 한 가지 뿐, "할 수 없지. 내 자신의 문제만으로도 벅찬데……"이다. 그는 결코 "나로 하여금 당신을 도울 수 있게 하라"고 말하지 않는다. 대부분의 사람들은 '나↔나'적인 사람이 되고자 하는 경향이 있다.

여기에 대한 사례는 많다.

수년 전 미시간 주(州)의 디트로이트 시(市)에서 있었던 일이다. 한 버스 운전기사가 승객에게 봉변을 당하고 있었다. 건장하게 생긴 승객은 운전기사의 머리를 때리고 팔을 비틀었다. 이때, 그 버스 안에는 많은 남자를 포함해서 여자 손님들이 타고 있었다. 그러나 이 광경을 보고도 겁에 질린 나머지 아무 말도 못하고 있었다. 그때였다. 일흔한 살이나 된 버니스 쿨츠코 노인이 자리에서 벌떡 일어났다. 그는 빠른 걸음으로 걸어가 그 폭행자를 밀어붙였다. 그러자 결국 그 사람은 노인의 태도에 당황하여 도망쳤다. 그 사건으로 노인은 주먹으로 얻어맞고 또 안경이 깨졌다. 하지만 그 노인은 폭행을 멈추게 했고 드디어 버스회사와 주위 사람들의 찬사를 받았다. 그 버스에 탄 사람들 중에 쿨츠코 노인을 제외한 모든 사람들은 '나↔나'적인 사람의 좋은 본보기이다. '나↔나'적인 태도는 때로 그 사람의 전 인격에 영향을 미친다.

또한 '나↔나'적인 태도는 그 사람의 가치관에도 지대한 영향을 미친다. "나는 내가 원할 때는 언제나 내 방식대로 한다"라는 태도가 원칙적으로 그의 가치관의 주류를 이룬다. 그러한 사람은 매우 이기적이기 때문에 "당신은 당신의 일이나 하라. 나는 나의 일이나 할 것이다"라고 말한다.

개인의 감정적인 생활을 형성하는 것도 '나↔나'적인 태도이다. '나↔나'적인 사람은 세상에 있는 모든 사람들이 자기에게는 무관심하다는 것을 곧 알게 된다. 그래서 그는 항상 불안전하고 방어적이고 조소적인 상태의 생활에 머물게 된다. 그는 내세울 것 없는 자아에 마주치지 않으려고 신경질적인 사람으로 변하며 결국 광적인 쾌락만을 추구하게 된다.

그렇지 않으면 그는 더 많은 전력을 위해 애쓰게 되고 어리석게도 많은 권력과 높은 지위만이 모든 사람들로 하여금 그를 존경하게 할 수 있다고 믿는다. 그는 그때 참으로 자기 자신도 존경할 수 있다고 잘못 생각한다. 그는 '나↔나'적인 마음가짐이 자존심(自愛:자기사랑)같은 것은 결코 가질 수 없다는 사실을 그 자신이 인식하게 되기까지는 이미 때가 늦던지 아니면 결코 사실조차도 알지 못한 채 지나고 말 것이다.

이러한 '나↔나'적인 태도는 모든 면에서 대인 관계에 나쁜 영향을 미친다. 다른 사람과의 의사소통에 끊임없는 문제가 대두된다. 그는 항상 '듣기 원하는 것'만을 듣는 습성이 있다. 또한 들음으로써 무엇인가를 얻을 수 있다고 생각할 때만 귀를 기울인다. 참된 의사소통에는 서로가 주고받는 것이 포함된다. 그것은 하나의 문답이다. 그러나 '나↔나'적인 사람은 남에게 줄 수가 없다. 따라서 자신의 판단과는 달리 받을 수도 없다. 왜냐하면 받는다는 것은 어떤 의미에서는 주는 것이기 때문이다.

그러므로 당신은 다른 사람으로부터 충고나 비평이나 제안을 받아들이도록 항상 겸손하게 주의를 기울여야 한다. 다른 사람의 어려움을 받아들임으로써 "내가 당신에게 관심을 갖고 있다"라고 겉으로 드러내기 전에 마음으로부터의 관심을 나타내야 한다.

당신은 가치 있는 일에 협력한다고 말하기 전에 마음으로부터의 진정한 협력이 필요한 것이다. 당신은 당신에게 돌아오는 책임을 실제로 받아들이기에 앞서 시간과 재능과 재물을 바쳐야 한다.

오늘날 우리가 배우지 않으면 안 될 가장 큰 교훈 중의 하나는 '인간은 하나의 유기적인 단일체'라고 하는 것이다. 이 지구상에 있는 인간은 모두 같은 배를 타고 있다. 따라서 다른 사람을 해치는 것은 결국 스스로를 해치는 것이다. 우리가 살고 있는 이 지구에는 우리 모두가 밀접하게 연결되어 있다. 어디에선가 사고가 일어나면 그 소식을 귀로 듣거나 방송망을 통해 눈으로 보게 된다. 그리고 그 비극적인 사건은 우울하게 하고 분노케 하고 걱정하게 하고 놀라게 한다. 그 사건은 결국 당신에게 영향을 미치고 있는 것이 된다.

당신은 '나↔물질'적인 사람인가?

'나↔물질'적인 사람은 근본적으로 물질과 깊은 관계를 맺고 있다. 그러한 사람은 감정적인 쾌락을 물질에서 찾는다. '나↔물질'적인 사람은 항상 다음과 같은 의식이 그의 감정을 지배하고 있다.

쾌락을 원한다→새로운 것을 찾자!

따분하다→쇼핑을 가자!

죄의식을 느낀다→선물을 사자!

두렵다→총을 사자!

불안하다→저축을 하자!

사람을 사귀고 싶다→자동차나 클럽이나 칵테일 파티를 이용하자!

고독하다→극장이나 빠나 호텔로 가자!

이런 류의 사람에게는 인간까지도 물질화된다. 그러한 사람의 눈에는 결코 기대나 감정이나 꿈을 가진 사람들은 보이지 않는다. 그의 눈에는 사람도 장난감이나 도구, 장식품, 보석, 쓰레기 등으로 생각된다.

특히 '나↔물질'적인 사람은 언제나 마음에 만족감을 느끼지 못하며 또 느낄 수도 없다. 그는 물질은 언젠가는 녹이 슬거나 낡고 시대에 뒤떨어진다는 것을 알고 있다. 그러나 그는 물질이 영속적으로 자기 자신에 대한 존경심을 줄 수 없다는 것은 깨닫지 못한다.

또한 그의 태도는 그의 가치계를 나타낸다. 봉급은 얼마나 되는가? 이익은 얼마나 되는가? 비용은 얼마나 드는가? 그는 이러한 문제에 관심을 갖는다.

이런 류의 사람은 물질적인 속박으로부터 결코 해방되지 못한다. 항상 자기 자신을 물질적인 것으로 장식하려 한다.

이렇게 물질에 얽매인 사람은 결코 참된 사랑을 모른다. 설혹 남을 사랑하게 된다 하더라도 '나는 네가 필요하기 때문에 너를 사랑한다'든가, 또는 '나는 너를 원하기 때문에 사랑한다'는 식으로 생각한다. 사람을 대할 때도 결코 인격적인 면은 무시한다.

당신은 '나↔너'적인 사람인가?

'나↔너'적인 사람은 상대방을 인격적으로 생각하는 사람이다. 그는 다른 사람을 대할 때는 상대방이 꿈과 야망과 슬픔과 부족감을 느끼고 있다고 생각한다. '나→너'적인 사람이 될 때 우리는 비로소 동물적인 단계에서 벗어나 인간으로서의 수준에 도달하게 된다. 이러한 태도는 당신에게 보다 나은 가치체계와 목표를 세울 수 있도록 해줄 것이다. 이러한 사람은 또한 의사 결정도 쉽게 할 수가 있다.

당신은 다음과 같이 반문해 보라.

"그것은 유익한 일인가?"

"그 일은 꼭 필요한 일인가? 누군가가 그 일을 하고 있는가?"

남의 말에 귀를 기울이고 상대방에게 관심을 가져줄 수 있을 때 당신은 "사람을 좋아하는 사람('나→너'적인 사람)"이 될 수 있다.

4

배 짱 있 게
살아갈 용기

문제를 해결하는 정답

문제를 찾아라.
그리고 부딪친 문제에 기대를 걸어라.
문제를 가진 것이 아니라 기회를 가진 것이다.
성공은 결코 단념하지 않는 것이고 실패는 쉽게 단념하는 것이다.

문제를 해결하는 정답

 당신이 계획을 세우는 데 있어 문제성을 피하면 안 된다. 문제성이 없는 계획은 계획으로서의 가치가 없다. 왜냐하면 목표를 세운 후 앞으로 부딪쳐야 할 문제에 대해 보다 적극적인 사고의 자세를 계발할 필요가 있기 때문이다.
 "해결할 수 없는 문제란 있을 수 없다. 불가능할 것 같아 보이는 문제는 다만 창의력에 대한 일시적인 장애물에 불과하다."
 맥도널 더그라스 회사가 우주 개발의 초창기였을 때 이 회사의 회장이었던 월터 부케는 이렇게 말했다. 그의 설득력 있는 지도력으로 그 회사는 1973년에 발사하기 위해 계획한 우주 실험을 끝마치고 있었다. 그는 나에게 이 실험을 통한 놀라운 체험담을 들려주었다. 그때 그와 함께 나는 크고 조용한 그의 사무실에서 점심식사를 했다. 그의 책상 바로 뒤쪽 벽엔 '적극적인 사고의 신조'라는 큰 액자가 걸려 있었다. 그런데 그 말은 몇 개월 전에 내가 써준 것이었다. 그는 나에게 "우리가 믿는 모든 것들은 바로 우리의 주위에 존재한다"고 말했다.

적극적 사고라는 나의 말에 그가 덧붙인 신조란 바로 다음과 같은 한 편의 시(詩)였다.

> 높은 산이 나를 가로막는다 해도
> 결코 단념하지 않으리라.
> 계속 도전하여
> 산을 오르고
> 길을 찾고
> 그리고 터널을 뚫고 통과하리라.
> 만약에 그렇지 않는다면
> 나는 그 산 위에 머물러
> 마침내는 산을 변화시키고
> 나의 황금으로 변화시키리라.
> 하나님의 도움으로 나는 성공하리니.

월터 부케는 나에게 놀라운 사실을 알려 주었다.

"오래전에 내가 항공학을 전공하고 있었을 때였습니다. 그때 우리는 음속의 장벽을 깨뜨릴 만한 빠른 비행기의 제작은 불가능하다고 배웠습니다. 왜냐하면 그 비행기는 바람에도 흔들리지 않을 만큼 크고 육중한 것이어야 하기 때문입니다."

그는 의미심장한 표정으로 말을 계속했다.

"그 당시 교사들은 우리에게, 만약 먼 장래에 보다 기술이 향상되고 발전되어 현재의 불가능한 문제를 무력하게 하고 음속보다 더 빠른 비행기를 제작하게 된다 할지라도 음속의 장벽을 깨뜨린다는 것은 역시 불가능할 것이라고 했습니다. 그 이유는 '음속보다 더 빠른 어떠한 물체도 결국은 산산조각이 나게 될 것이기 때문'이라는 것이었습니다."

나는 월터 부케의 재학시절 교사들이 가지고 있었던 이러한 신념을 아주 거짓이라고는 보지 않는다. 만약, 어떠한 문제에 대해 그 열쇠를 찾으려 하고 모든 일에 불가능은 없다고 믿는 월터 부케와 같은 사람이 없다면 우리는 지금도 음속 이하의 시대를 살고 있을 것이기 때문이다.

어떠한 문제를 해결하기 위한 성공법칙에 있어서 가장 중요한 원리는 다음의 말로 요약할 수 있다.

"어떤 종류이건 간에 문제의 해결이 있을 수 없다는 것은 결코 믿을 수 없다."

따라서 당신이 때때로 직면하게 되는 어떠한 문제의 해결이 불가능하다고 느껴질 지라도 이미 세운 목표나 소극적인 사고에 얽매이지 않도록 유의하라. 무슨 일을 하든지 간에 결코 소극적인 자세를 가져서는 안 된다. 소극적인 사고를 가질 때 잠재의식은 혼돈 속으로 빠지게 될 것이다. 당신 마음속에는 의심이라는 '불가능의 덫'의 또 다른 하나의 빗장이 버티고 서 있음을 느낄 것이다. 또한 당신은 때로 공존과 불안을 옹호하게 될지도 모른다. 당신은 당신의 내부에서 일어나고 있는 그러한 사실들을 인정하기도 전에 이미 꿈은 자신도 모르게 목표를 속박하는 '소극적인 사고' 아래 파묻히게 될 것이다.

당신은 이 세상에서 가장 위험스럽고 파괴적인 힘에 과감히 맞서야 한다. 그 힘이란 바로 소극적인 생각이다. 그것은 교활하여 때로 그 힘의 유혹에 솔깃하여 넘어가게 될지도 모른다. 그 소극적인 생각이 가지고 있는 무서운 힘에 눌려 아무런 의문도 품지 않고 그 힘의 흐름에 말려들 때가 있다. 우리는 목표를 통해서가 아니라, 우리와 같은 소극적인 생각을 가진 사람들을 통해서 때로 그러한 유혹을 받는다.

소극적인 생각을 가진 사람은 그 힘의 유혹에 익숙하고 또 오랜 경험을 가지고 있음으로 이제까지 성공하지 못한 일들을 보면 망설이지 않고 당신에게 그 일은 결코 이룰 수 없다고 말한다. 소극적인 생각을 가진 사람은 또 교활한 성격을 가지고 '성공할 수 없다'느니 혹은 '한다고 해서 결코 되지 않는다'는 등의 자기 좌절에 쉽게 빠지며 다음에는 당치도 않는 모든 현실적인 상상만을 늘어놓음으로써 당신에게 유혹의 손길을 뻗칠 것이다. 또한 그는 당신의 계획과 목표가 현실적으로 불가능한 것이며 장래에도 존재될 수 없는 것이라고 여러 가지 구실을 내세워 당신의 잠재의식을 소극적 사고 속으로 이끌어갈 것이다. 그리하여 그는 마침내 당신의 발전을 방해하고 적극적인 생각을 억압하고 하나의 목표를 놓고도 수개월, 혹은 수년 동안 당신으로 하여금 시도하는 것을 망설이게 만들 것이다. 소극적인 생각은 바로 당신의 가장 오래되고 가장 무서운 적이다.

적극적인 생각을 유도하라

적극적인 생각을 가진 사람이란, 어떤 새로운 문제에 부딪칠 때 그것이 비록 지금까지는 성공하지 못한 문제일지라도 그것을 계기로 새로운 사명감과 개척 정신을 가지는 사람이다. 그는 어려운 문제에 대한 열쇠를 찾기 위해 기회를 통해 자극을 받고 적극적인 전진을 위해 새 시대의 새로운 지식을 이용한다. 제 아무리 어려운 문제라 하더라도 반드시 해결할 수 있는 열쇠가 있다는 것을 확신하기 때문에 그의 창조적 정신은 새로운 자극을 받아 뛰어난 결과를 가져온다. 그는 보다 발전된 연구 방법을 이용함으로써 과거의 실패에 대한 정확한 이유는 바로 문제에 대한 판단 부족이었다는 것을 증명한다. 여기서 판단의 부족이란 오늘날 이용할 수 있는 모든 지식과 기술과 도구가 부족하다고 생각하는 사람들이 하는 소극적인 사고의 결과라고 본다.

적극적인 사고를 가진 사람이 때때로 실패하게 되는 원인은 그 자체가 하나의 목표에 대한 시도의 창조적인 생각을 점검하게 하는 계기에 불과하다. 따라서 적극적인 사고의 사람은 실패에 대해 진정한 원인을 발견하고 앞으로 시도하려고 하는 목표와 관련된 분야나, 혹은 더 나아가 목표와 관련성이 없는 분야라 할지라도 주의 깊게 살펴보고 최근의 성공사례를 조사함으로써 지금까지 해결하지 못한 문제의 확실한 열쇠를 모색하게 된다.

문제해결을 위한 7가지 비결

1. 당신의 생애에 있어 먼저 문제를 찾는 것이 가장 급한 일이다. 그러면 당신은 훌륭한 지도자가 될 수 있다. 좋은 리더십은 미래를 향해 적극적으로 생각하는 사람들에게 주어진다. 지도자가 다른 사람들이 생각하기 이전에 미래에 대해 연구하고 언젠가 제기될 수 있는 앞으로의 숨은 문제들을 줄곧 찾아낸다. 그는 우리 주위에서 있을 법한 모든 문제에 대해 탐구적인 분석을 준비하고, 그 문제를 해결하기 위한 구체적인 방향과 대안에 대해 철저히 준비한다.

적극적인 사고의 사람은 자신의 머릿속에 떠오르는 문제점들에 대해 결코 소홀히 생각하지 않는다. 그는 아무리 좋은 아이디어라 할지라도 결점이 있다는 것을 잘 알고 있다. 그는 항상 '내 아이디어에 잘못된 점은 무엇인가?' 하고 자문한다. 그러나 생각을 결코 포기하려고 하지 않는다. 오히려 문제점이 있는 아이디어를 되살리는 적극적인 자세를 갖는다. 언제 어느 때 발생할지 모르는 부정적인 문제점들을 사려 깊게 관찰함으로써 어떤 문제가 발생하기 전에 그 문제에 대비한다. 우리들 주위의 어딘가에 산재해 있는 문제점들을 철저히 찾아내는 일은 책임감 있는 지도력의 특징이다.

2. 당신은 부딪치게 되는 문제에 항상 기대를 걸어라. 만약에 당신이 어떤 조직의 지도자이고 조직에 어떤 문제점도 없다고 생각한다면 이것이야말로 당신이 직면하고 있는 가장 중대한 문제점이다. 어떤 문제점도 없다는 것 그 자체가 바로 중대한 문제점이다. 이것은 바로 꿈을 향해 적극적으로 전진하지 않고 있다는 것, 또는 능력을 충분히 발휘하지 못하고 있다는 것, 또는 원대한 꿈을 가지고 있지 않다는 증거이다. 발전은 언제나 어려운 문제와 부딪혀 이길 때 이루는 것이다. 말하자면 안일한 생각과 자세는 우리를 끊임없는 퇴보 속으로 몰아넣는다.

월터 부케 박사는 이렇게 말했다.

"우리의 기술팀이 서로 협력하기 위해서 우리는 보다 더 큰 문제를 필요로 합니다. 만약에 우리가 기술팀에게 중대한 도전의 기회를 부여하지 않는다면 그들은 그 도전이 주는 더 극심한 문제에 부딪치게 될 것입니다."

리더가 팀원들에게 문제에 대한 도전의식을 불어넣어 더 큰 목표에 도전하지 않는 조직은 의욕을 잃게 되고 마침내는 문제 해결을 위해 적극적으로 노력하는 예민하고 유능하고 정력적인 사람들을 잃게 될 것이다. 그래서 이 세상의 모든 최고 경영자들은 회사를 발전시키고 확장시키지 않는다면 그 회사는 이미 쇠퇴한다는 사실을 알고 있다.

원대한 목표는 당신을 위대한 사람으로 만든다. 이 원리를 기억하라. 당신의 성장을 방해하고 꿈을 희박하게 하는 문제점은 어떠한 희생을 치르고라도 제거해야 한다. 만약 그렇지 않으면 조직과 회사와 사회에 부패의 씨앗이 움트게 된다. 문제가 해결에 가까워질 때 이미 쇠퇴는 시작되고 있다는 사실을 기억하라. 해결해야 할 시급한 문제가 발생했을 때는 이미 발전과 부흥이 시작되고 있다는 사실을 알아야 한다. 우리가 마주하는 새로운 문제는 항상 창조적인 해결을 요구한다.

3. 당신에게 직면한 문제를 싫어하지 말라. 모든 문제를 하나의 기회로 생각하고 즐겁게 생각하리. 가히 재벌이라고 힐 만한 거대한 출판사인 시몬 쉬우스터의 회장인 레온 심킨 씨는 이렇게 말했다.

"우리는 회사 안에 문제가 생긴 것이 아니라 다만 기회가 생겼을 뿐이다."

문제, 즉 기회는 목표를 다시 세우고, 다시 짜고, 다시 꾸미고, 다시 나열하고, 다시 구성하는데 꼭 필요한 추진력이 될 수도 있다. 전통이나 조직, 제도 등 낡은 방법에 굳게 젖어 있는 사람은 언제나 기회를 생각하기에 앞서 어려운 문제에 직면하게 된다. 그러나 모든 문제는 어떠한 성장을 가져오는 하나의 기회임에 틀림없다.

리더는 그들의 아이디어를 어떻게 생각해 내는가? 첫째 격고 있는 현재와 앞으로 다가올 미래의 문제에 대해 사려 깊게 생각한다. 두 번째로 문제를 처한 상황에 맞게 변화시켜 본다. 세 번째, 문제를 마음 속에 깊이 새겨 본다. 그리고 직면하고 있는 문제가 제아무리 하찮은 것이라 할지라도 매우 중대한 것이 될 수 있다는 사실을 기억한다. 그 다음 문제 해결을 위해 가능성 있는 모든 방법을 제시한다.(물론 여기에는 최선의 대안책은 제외한다) 그리고 그 해결책이 현재보다 더 쉽거나 결코 값싸지 않을 것이라는 사실을 지적한다. 항상 주의 깊게 생각하여 적당한 시기에 새로운 문제점을 제시한다. 어떠한 문제가 복잡하면 복잡할수록 더 좋은 아이디어를 창출해 낼 수 있다는 것을 알고 있다. 또한 일을 너무 빨리 진행하다 보면 문제를 해결하는 것이 아니라 오직 수선만을 하는데 지나지 않는다는 사실을 알고 있다. 조금만 더 참고 기다리면 완제품 같은 완벽한 문제 해결의 방안을 모색해 낼 수 있다. 그러므로 끈기를 가져라. 당신도 분명히 인내하는 만큼의 대가를 얻을 수 있을 것이다. 모든 훌륭한 리더나 세일즈맨이나 유능한 경영자는 그들이 추진하는 일에 문제가 발생하지 않고는 결코 미래를 향해 성장할 수 없다는 것을 잘 알고 있다.

4. 어떠한 일에 대한 올바른 결정을 하는데 문제해결이라는 구실이 결코 방해물이 되지 않도록 하라. 분명한 가치관을 가지고 세운 목표는 망설이지 않고 진행할 수 있도록 한다. 당신은 언제나 스스로 옳다고 결정

하는 그 사실이 최선임을 알아야 한다. 당신이 결정한 이상 결과의 가능성을 앞세우기 전에 문제에 대한 해결 방안이 생활 자체를 어렵게 할 수 있다는 것을 깨닫게 될 것이다. 만약, 문제에 대한 해결책이 없다면 당신은 잘못된 결정을 할 만한 권리를 누리지 못할 것이다. 올바른 결정을 하지 못한다는 것은 바로 그릇된 결정을 하는 것과 같다.

문제를 해결하는 것과 목표를 결정하는 것을 혼동하지 말라. 앞에서 얘기한 바와 같이 우리는 비영리적 봉사기관인 교회 사업에서 결정할 때 다음과 같은 큰 의문을 품어본다.

"그것은 어려움을 겪고 있는 많은 사람들을 도와줄 수 있는 일인가?"

"그것은 하나님을 영광되게 할 수 있는 일인가?"

"그것은 대부분의 많은 사람들이 하고 있는 일인가?"

이 세 가지의 질문이 바로 일을 결정하게 하는 중요한 질문이다. 이 결정을 하는 단계에서 문제 해결을 위한 의문점들은 어떤 것이라 할지라도 결코 고려하지 않는다. 여기서 문제 해결을 위한 질문이란 다음과 같은 것들이다.

"그 일을 성공시키기 위해서는 얼마만큼의 비용이 필요한가? 또한 그 돈을 어디서 구할 것인가?"

"누가 우리에게 그 일을 할 수 있도록 할 것인가?"

"우리는 거기에 필요한 시간과 정력을 어떻게 찾을 것인가?"

결정이란, 모든 문제가 해결되느냐, 안 되느냐에 따라 이루어지는 것이 아니다. 결정은 양심과 의무, 원리와 정책, 개인적이고도 공공적인 성공의 믿음 아래 진행된다. 당신이 직면하고 있는 일이 만약 옳은 일이라면 그것을 하기로 결정하라.

결정을 내리는 행위와 문제 해결을 모색하는 것 간엔 차이가 있다. 그 차이점을 구별함으로써 창조력이 낭비되는 것을 막을 수 있다. 당신의 무한한 정력은 올바른 결정을 지체하는 데서 낭비된다. 이러한 낭비는 결정하지 못하는 사람에 의해 발생한다. 왜냐하면 그들은 안으로 직면하게 될 문제에 대한 해결책을 생각할 수 없기 때문이다. 그러므로 결정하지 못한다는 것은 한 마디로 짜증스러운 일이다.

정신적인 에너지를 함부로 낭비하지 말라. 특히 오랜 시간의 불필요한 논쟁에서 정력이 낭비되기 쉽다. 망설이지 말고 올바른 결정을 하라. 그리고 문제 해결을 위한 혁신적인 연구에 몰두해서 무한한 창조력을 계발하라.

당신의 문제를 철저히 검토하라. 이것은 실제로 결정하지 못하는 것이 될 수도 있다. 신이 당신에게 어려운 문제에 대한 해결 방법을 제시해 주리라는 것을 기대하기 전에 먼저 올바른 결정을 할 굳은 신념이 있다는 것을 그에게 보여야 한다.

5. 부딪치고 있는 문제에 대해서는 되도록 정확하게 분석하라. 만약에 문제 가운데 그릇된 결정을 할 위험이 있다면 그것은 그 문제 자체가 어이없는 결과가 될 위험성을 안고 있는 것이다. 이러한 실수는 전문

가들도 때때로 범한다.

먼저 결정하라. 그런 후 문제를 풀어라.

6. 당신의 문제를 보다 세분하여 해결점을 찾으라. 나는 맥도널 더그라스 우주 실험실의 두 번째 이야기를 들은 후 공간의 무한한 사용에 대해 놀랐다. 내가 실험실을 방문했을 때 안내자는 대기권 밖으로 보내게 될 3인승 비행기 모형의 실험실에서 부딪치고 있는 아직 해결되지 않고 있는 많은 문제에 대해 설명했다.

"당신은 어떻게 하여 그렇게 많은 복잡한 문제들을 해결했나요?"

내가 부케 씨에게 묻자 그의 대답은 누구나 이용할 수 있는 보편적인 원리를 가지고 있었다.

"어떠한 문제가 제아무리 크다고 할지라도 그 문제를 가장 작은 조각으로 쪼갠 다음 그것을 하나하나 해결하십시오. 당신이 해결한 그 작은 조각들을 수수께끼처럼 서로 이어 맞출 수 있을 때까지 말입니다."

7. 당신은 항상 당신보다도 더 능력 있는 사람들에게 도움을 청하라. 만약 당신의 힘으로 이룰 수 없는 어려운 문제에 처해 있다면 도와줄 수 있는 사람을 찾아라. 그리고 기억하라. 도전하기가 어렵고 문제가 복잡해질수록 더 유능하고 적극적인 전문가가 당신을 뒷받침해 줄 수 있는 기회는 그만큼 커진다.

가령 당신이 직면하고 있는 문제가 평범한 것이라면 그 문제는 해결하기가 쉬울 것이다. 모든 사람들이 그 만큼의 문제는 가지고 있다. 그러나 만약 당신의 문제가 지금까지 전례 없는 특이하고 큰 문제라면 당신은 세계에서 가장 유능한 사람의 도움을 청할 수도 있을 것이다.

월터 부케 씨는 또 이렇게 말했다.

"성공은 결코 단념하지 않는 것이고 실패는 아주 쉽게 단념해 버리는 것이다."

당신은 이러한 원칙을 문제 해결의 기본으로 삼고 당신 스스로가 원하는 사람이 되기 위해 노력하고 충분히 활용할 수 있도록 최선을 다하라.

문제해결을 위한 10가지 충고

01. 어떤 문제에도 반드시 해결되는 길이 있다는 것을 확신하라.
02. 마음의 평정을 유지하라. 긴장된 상태에서는 당신의 두뇌는 효과적으로 활동하지 못한다. 즐거운 기분으로 문제에 대처해 나가라.
03. 문제를 무리하게 해결하려 하지 말라. 때가 되면 문제가 저절로 풀릴 수 있도록 마음을 느긋하게 가져라.
04. 문제에 대한 모든 사실들을 수집하라. 그리고 그것을 편견을 버리고 냉정한 입장에서 검토하라. 그 문제가 당신과 아무런 관계가 없는 것과 같은 객관적인 태도로 판단하도록 노력하라.

05. 문제에 대한 사실들을 종이에 열거해서 쓰라. 그리고 그것들을 적당한 순서로 늘어놓으라. 그러면 당신은 문제를 정확히 생각할 수 있게 된다.

06. 당신이 직면한 문제를 신께 기도하라. 신은 당신의 마음에 빛을 비추어 준다는 사실을 믿으라.

07. '주의 교훈으로 나를 인도하시고……'한 시편 73편의 약속에 따라, 하나님의 인도를 구하라.

08. 통찰과 직관의 능력을 믿으라.

09. 교회에 나가서 당신의 잠재의식이 당신의 문제에 대하여 활동하게 하라. 종교적으로 생각하는 일은 문제의 올바른 답을 얻는데 놀라운 힘을 가지고 있다.

10. 굳은 신념을 가지고 이상의 충고에 따른다면 당신의 마음에 떠오르는 해답이 문제를 해결하는 정답이다.

....
배 짱 있 게
살아갈 용기
....

적극적인
사고의 게임

적극적이란 말은 긍정적이란 말이다.
하면 분명히 할 수 있다는 확신을 가져라.
부정은 무서운 결과를 가져 온다.
그것은 사고를 멈추게 하고
신념을 방해하고 창조의 문을 닫아 버린다.

적극적인 사고의 게임

프로그램 속에 당신의 성적을 직접 검토해 볼 필요가 있다.

첫째, 당신의 마음속에 목표를 확고하게 세웠는가?

둘째, 당신에게 부딪친 문제를 다루는 데 있어서 보다 적극적인 태도를 계발했는가?

셋째, 확고한 신념과 '나는 할 수 있다'는 자신감을 가지게 되었는가?

이제부터 나는 당신으로 하여금 창조적 정신에 이르게 하는 비결을 깨닫게 하고, 당신에게 직면한 두 번째의 큰 문제를 해결할 수 있는 큰 문제를 제시해 주려 한다. 여기서 말하는 두 번째의 큰 문제란 바로 '창조적인 사람'이 되는 방법이다. 만약 창조적인 능력을 계발하지 않는다면 당신의 생애에서 꿈은 사라지게 될 것이다.

당신이 만약 창조적이고 발명적인 능력을 계발할 수 있다면 꿈은 현실로 이루어질 수 있다.

창조성, 이것은 천부의 재능인가? 아니면 하나의 기술인가? 그것은 또한 타고난 재능인가? 아니면 누구나 배우고 익힐 수 있는 하나의 방법인가?

이러한 물음에 대한 확고한 답변은 바로 후자에 속한다. 창조성이란 바로 누구나 배워서 익힐 수 있는 숙련된 하나의 기술이다.

당신의 두뇌는 14억이나 되는 수많은 세포로 이루어져 있다. 그 세포 가운데는 이미 개발되어 이용되고 있는 세포도 있지만 앞으로 개발되고 이동되고 오픈되기를 기다리는 무한한 가능성을 가진 잠재적인 세포도 무수히 많다. 만약에 당신이 그 세포들을 발견하여 개발할 수 있다면 자신의 달라진 총명함과 나아진 지능을 보고 놀라게 될 것이다.

아직 개발되지 않은 이 잠재적인 세포를 자극하고 이용할 수 있는 한 가지 좋은 방법이 있다. 이 방법을 배울 수만 있다면 당신은 창조적인 능력을 가진 사람이 될 것이고, 알고 있는 주위 사람들을 놀라게 하고 아울러 새로운 창조와 발명과 혁신의 길을 걸어가게 될 것이다.

나는 이 방법을 '적극적 사고의 게임'이라고 부른다. 당신은 이 게임을 하는 법을 배울 수 있다. 그것은 자신의 노력으로 얻을 수 있다. 당신은 분명히 결실을 가져올 수 있다. 그 게임은 아주 간단하다. 또 흥분할 만한 게임이다. 또 뭔가를 보장받을 수 있는 게임이다. 나는 그 '적극적 사고의 게임'이 분명히 당신의 미래를 변화시켜 줄 것을 확신한다.

게임이라는 말을 너무 두렵게 생각해서는 안 된다. '게임'이라는 말에 너무 얽매이는 것은 창조적인 능력을 방해하는 일이다. 창조적인 힘이 솟아나는 때는 우리의 마음이 가장 안정되어 있을 때이다. 어떤 사람은 문제를 해결하기 위해 그 문제와 더불어 오랜 시간 동안을 싸워 마침내 문제로부터 조용히 떠나는 경우가 있다. 이른 새벽에 항상 맑은 정신으로 깨어난다.

바울 피셔 씨는 적극적 사고의 게임에 성공한 사람이라고 할 수 있다. 그는 훌륭한 펜을 발명했다. 그는 천정이나 기름종이에나 물속에서도 거꾸로 쓸 수 있는 펜을 만들 필요성을 느꼈던 것이다. 그 펜이 바로 요즘 우리가 편리하게 사용하고 있는 볼펜이다. 그러한 볼펜을 예전에는 결코 만들어내지 못했던 것이었다. 모든 볼펜은 중력의 원리 위에서 작용한다.

그는 볼펜을 만들기 위한 계획을 세운 후, 여러 가지 문제에 부딪쳤고 그 어려운 난관을 돌파하는데 무려 백만 달러 이상의 돈을 소비했다. 또한 시간적으로도 수개월을 참고 싸워야만 했다. 그는 어느 날 새벽 3시에 잠을 깨어 그 문제의 열쇠를 제시해 주는 비밀을 깨닫게 되었다.

피셔 씨가 발명한 볼펜은 달 여행에도 이용되었다. 그 펜은 잉크의 누출 방지를 막을 수 있고 보다 오래 사용할 수 있어 외계에서 이용할 수 있는 미항공우주국의 요구 조건에도 매우 적합하였다.

잠재적인 창조력을 억압하는 긴장감을 없애는 데는 무엇보다도 깊은 안정감이 효과가 있다. 안정감은 우리에게 보다 지혜로운 아이디어가 머리 가운데 잠재의식적으로 떠오르게 한다. 오늘날 가장 창조적이었던 인물 중의 한 사람으로 기억하고 있는 건축가인 리차드 뉴트러 씨는 생애에 매일 새벽 4시부터 7시까지 작품을 구상했다.

나는 이 글을 쓰고 있는 지금 남태평양을 횡단하고 있는 순항선 위에 있다. 크고 넓고 평화로운 바다와 자유로이 떠도는 구름과 같은 평온한 물소리는 긴장감과 의무감에 대한 압박으로부터 나를 해방시켜 주고 있다. 안정된 분위기 속에서 창조적인 아이디어는 빨리 떠오른다.

의무감을 주는 간섭을 바라는 것은 깊은 창조력을 방해하는 긴장을 원하는 것과 같다. 하루 중 내가 가장 맑은 생각을 할 때는 내 차 안에 혼자 있거나 또는 비행기를 타고 있을 때이다. 이 동안만큼은 전화나 메일이나 비서의 연락이나 방문객의 노크 소리에서 벗어날 수가 있다.

모든 잡념을 잊어버리는 것은 긴장감을 제거하는 일의 첩경이 될 수도 있다. 많은 사람들이 교회에서 예배 중에 가장 중요한 아이디어를 얻는다는 경우는 바로 이러한 일들을 증명해 주는 좋은 예이다. 또한 이러한 경우는 이른 새벽 사방이 정적 속에 묻혀 있을 때가 가장 알찬 결과를 얻을 수 있는 시간이라는 것도 보여 준다. 그때에는 외부적인 어떠한 방해로 인해 생기는 긴장감이 있을 수 없다.

새벽 5시부터 당신을 괴롭힐 사람은 아무도 없을 것이다. 따라서 무한한 안정감을 갖게 될 것이다. 또한 하루가 본격적으로 시작되는 다가올 일과에 대한 긴장감에서 해방될 수 있다. 불이 날 정도로 쉬지 않고 울리는 전화벨 소리, 편지, 방문객 등은 새로운 문제를 가져다주고 의무감을 야기시켜 결국은 긴장감과 함께 압박감을 가져다준다. 대체로 하루의 마지막 시간까지 당신은 내가 타고 있는 이 순항선과 같은 처지를 체험하게 된다.

내가 타고 있는 이 순항선은 여러 번 예정보다 늦게 항구에 도착하였다. 그 이유는 1년 동안이나 배의 밑바닥을 닦지 않고 항해를 계속하고 있었기 때문이다. 여러 가지 많은 불순물들이 서서히 그리고 끊임없이 배의 밑바닥에 붙어서 배의 밑바닥은 점점 두꺼워져 결국 한 시간에 2노트씩 배의 속도가 줄어들게 된 것이다. 이와 마찬가지로 하루가 처음 시작되는 이른 시각에는 창의적인 아이디어가 빠른 속도로 떠오르지만 정오가 가까워지고 일과에 쫓기는 시간이 쌓여갈수록 긴장감의 압박이 점점 두터워지게 된다. 어떤 좋지 못한 소식이나 혹은 오해를 받는 것, 거절당하는 것, 방해를 당하는 것 등이 긴장감이라는 올가미로 변하여 당신의 몸을 조인다. 그리고 그것이 정오쯤에는 당신이 어려움을 느낄 정도로 상당히 심하게 압력을 가한다.

깊은 휴식은 창조력을 왕성하게 한다. '일'이라는 단어는 우리를 압박하는 긴장감을 가져온다.

일은 책임을 의미하는 동시에 의무를 수반한다. 그런데 이 의무는 창조적인 잠재 능력을 억압하는 긴장감을 가져온다.

그러나 '게임'이라는 단어는 책임이나 의무에서의 자유를 의미한다. 또한 이 말은 스포츠의 정신을 의미한다. 경주를 하는 것과 승리하기 위해 힘껏 노력하는 것을 의미하다. 그리고 게임이라는 말은 안전한 모험을 하는 것을 의미한다. 따라서 게임은 당신의 잠재적인 마음을 큰 의무감에서 해방시켜 줌으로써 긴장을 해소시켜 줄 것이다.

긍정과 부정의 놀라운 차이

적극적이라는 말은 곧 긍정적이라는 말과 동의어(同義語)이다. 그런데 이 말은 창조력을 계발하는 정신자세를 기를 수 있다.

당신은 '하면 분명히 할 수 있다'라는 말을 믿어야 한다.

그러면 당신의 개발되지 않은 창조적 두뇌 세포는 잠재적인 소극적(부정적) 세포의 억압에서 풀려나기 시작할 것이다. '긍정'이라는 말의 놀라운 힘을 이해하기 위해서는 그 반대의 뜻을 가진 '부정'이라는 말을 생각해야 한다. 이 '부정'이라는 말을 자주 사용할 때, 그것은 아주 무서운 결과를 가져온다. '부정'이라는 말은 생각을 멈추게 하고 진보를 방해하고 창조의 문을 닫히게 한다. 뿐만 아니라 연구적인 정신은 사라지고 지금까지 겪은 체험은 무력하게 되고 앞으로의 계획은 좌절당하고 꿈은 부서지게 된다. 또 두뇌 세포의 창조적인 면은 흐려지고 움직이지 않게 되며 어둠 속으로 숨겨지고 소멸되어 간다. 그러다가 마음속의 어둡고 깊은 굴속에 파묻혀 버린다. 이러한 조작으로 인하여 창조적 두뇌는 잔인한 부정적인 생각과 꺼져버린 희망의 힘에 눌려 모욕적인 실망의 고통을 겪게 된다.

당신은 '하면 꼭 할 수 있다'라는 적극적인 말을 언제나 기억해야 한다. 이 말은 당신에게 놀라운 영향력을 행사하여 승리의 개가를 올리게 하고 잠재적인 마음의 영역으로 스며들어 모든 소극적인 힘과 세력에 맞서서 이를 물리치게 할 것이다. 또한 지금까지 얽매어 있던 많은 꿈들은 다시 풀려나게 되고 왕성한 의욕의 불꽃은 활활 타 올라 당신의 마음 구석구석을 밝게 비추어 줄 것이다. 먼지로 뒤덮인 소망들이 되살아나고 계획성 있는 움직임이 활발하게 된다. 그리하여 오랫동안 어둠에 갇혔던 당신 마음속의 실험실에는 창조적인 체험이 빛을 발휘하게 될 것이다. 그 결과로 인하여 당신의 전화벨은 적극적으로 울리고 뜰에는 새로운 음악이 흐르게 될 것이다.

이제 적극적인 사고를 어떻게 해야 할까를 생각하여 보자.

우선 잠재적인 뇌세포 속에 창조적인 능력을 가지고 있다는 사실을 믿어야 한다. 당신은 스스로의 생각과 결전을 믿고 찬미해야 한다. 모든 사람은 누구나 다 창조적인 사람이 될 수 있다.

그러면 이제부터 적극적인 사고의 게임을 위한 본격적인 준비를 시작해 보자. 먼저 당신은 상상력이 더욱 끈기 있게 뻗어나가게끔 해야 한다.

먼저 하얀 백지를 놓고 거기에다 1부터 10까지 쓸 필요가 있다. 그 다음, 어떤 숫자의 나열대로 어떤 목표나 문제를 해결하는 일, 또는 부정적인 꿈들을 긍정적인 꿈으로 환원시키기 위한 방법 등 열 가지의 대안책을 머릿속에 떠올리면서 써 나간다. 그러면 당신의 꿈은 마침내 기록한 어느 한 가지 대안책에 이르게 될 것이다. 꿈은 되도록 넓고 크게 가질수록 좋다. 그러나 적극적인 사고의 게임을 하는 당신은 다음과 같은 규칙들을 주의 깊게 따라야 한다.

1. 적극적인 귀를 가져라

당신은 이제 마음속에 적극적인 사고의 귀를 가지고 두뇌 속의 창조적이고 놀라운 비밀에 귀를 기울여라. 그리하여 보다 용기 있게 그 생각들을 모두 나타내라. 당신의 창조적인 생각이 주위 사람들의 비난의 대상이 된다하더라도 그 비웃음에 결코 신경을 쓰지 말라. 왜냐하면 그것은 게임에 불과하기 때문이다. 게임에 나서기로 한 모든 참가자들이 따라야 할 이 규칙은 모든 참가자들이 자기의 창조적인 두뇌의 소리에 귀를 기울이기를 요구한다. 어떤 종류의 제안일지라도 그것이 불가능한 생각이라며 비웃거나 냉대를 해서는 안 된다.

2. 관심을 기울여라

적극적인 사고의 게임은 중대한 목표 위에서만 가능하다. 거기에는 게임이 성립되고 유지되는 몇 가지의 깊고 내적인 관심이 필요하다. 만약에 백만 달러를 모으는 실현 가능한 10가지 방법을 고안하는 게임을 하려고 한다면 먼저 백만 달러를 모으는 것에 관심을 가져야 한다. 그렇지 않으면 당신의 창조적인 두뇌 세포는 행동으로 연결되지 못할 것이다. 마음에 품은 잠재적인 계획이 중요하다는 것을 믿을 수 있을 때 비로소 어둠 속에 깊이 잠긴 잠재적인 능력이 깨어나 당신의 창조적인 의식을 자극할 것이다. 그 게임에 임하는 정신이 실제로 개발될 때 적극적인 사고의 게임은 당신으로 하여금 중대하고 고무적이고 새로운 훌륭한 아이디어를 창출할 수 있게 할 것이다.

3. 원대한 포부를 가져라

모든 게임의 참가자들은 상대방을 알아내는 데 열중한다. 따라서 당신도 상상력을 필요로 하는 질문을 하라. 당신은 체험을 통해 큰 뜻을 가진 질문은 문제 해결에 매우 유익한 비결이 된다는 것을 알 수 있을 것이다. 심리학자인 중역 한 사람은 이러한 말을 했다.

"우리의 진료소에 찾아오는 사람들이 가지고 있는 거의 모든 문제들은 절망의 선을 넘어 좌절의 상태에까지 이르고 있다. 그 이유는 그들이 큰 뜻을 가진 의문을 품지 않았기 때문이다."

수천 세기를 두고 인간은 사과나무 아래 앉아 있었다. 바람이 불고 사과는 떨어졌다. 더러는 사람의 머리 위로 떨어지기도 했다. 이러한 상호 관계는 수천 년 동안을 이렇게 생각될 수도 있었다.

"나무와 바람과 사과에 그만 인간이 미쳤는가? 아니면 인간이 미치지는 않았지만 배가 고파서 사과를 먹어 버렸는가?"

이러한 생각을 갖고 있거나 아니면 인간은 그들의 마음 가운데 가득 찬 다른 일로 인하여 흔히 일어나는 일들은 무시해 버렸을 것이다.

그런데 그 후 어느 날 사과 한 개가 어떤 사람의 머리 위에 떨어졌다. 이때 그가 가진 태도는 어떠했는가? 아이삭 뉴턴이라고 하는 그 사람은 전의 사람들과는 다른 생각을 가졌다. 그는 큰 뜻을 품고 질문을 던졌다.

왜 사과는 위로 떨어지지 않고 아래로 떨어지는가? 왜 사과는 바람에 깃털처럼 날리지 않고 일직선으로 떨어졌는가?

놀라울 만큼 간단한, 그러면서도 큰 뜻을 가진 의문은 창조적인 사고를 자극하여 결국 만유인력의 법칙을 발견하는 데로 유도하였다. 호기심이 창조의 어머니인 것은 필요가 발명의 어머니인 것과 똑같다.

또 다른 예가 있다.

한때 뉴질랜드의 모든 방송국은 그 나라 정부가 소유권을 갖고 운영하였다. 그런데 나의 친구인 오클랜드의 짐 프랭캄은 적극적인 사고를 가진 몇몇 친구들과 힘께 이러한 결정을 보았다. 그것은 뉴질랜드가 만약 상업 라디오방송국을 개인이 소유하게 하고 통제한다면 더 크게 유익할 것이라는 것이었다. 이때 각계의 반응은 "그건 불가능하다. 정부는 그 일을 결코 허용하지 않을 것이다"라는 것이었다.

그들은 다시 큰 뜻을 가진 질문을 던졌다.

"우리는 어떻게 하여 법률에 저촉됨이 없이 뉴질랜드 사람들에게 방송할 수 있는가?"

어느 날 프랭캄의 친구들은 그 질문에 대한 적극적인 사고의 게임을 벌이기로 했다. 그 결론은 한 젊은 변호사로부터 나온 아이디어로 마무리 지어졌다.

그것은 라디오 송신기를 바다 위의 배에다가 설치하는 것이었다. 그 배는 육지로부터 12마일 떨어진 곳에 정박한다.

그들은 그 해결책을 발견했지만, 배를 사거나 빌릴 돈은 없었다. 그래서 그들은 적극적 사고의 게임을 시도했다. 결과는 어떠했을까? 그들은 뜻을 같이한 부유한 선주 한 사람을 만났다.

그 선주는 다음과 같이 제안했다.

"나는 당신들이 사용할 배를 한 척 무료로 주겠소. 그러나 조건이 하나 있소. 만약 당신들의 뜻에 정부가 굴복하여 합법적인 상황 하에서 본토에서 방송국을 운영하는 것을 허락받게 된다면 그때 나에게 방송국의 이사직을 주시오."

"그것 참 좋은 생각입니다."

그들은 다 함께 찬성했다.

그러나 또 다시 '불가능'이라는 꼬리를 단 문제가 나타났다. 항구에서 그 배를 자유로이 이용하는 데에는 해운상의 허가가 필요했던 것이다. 불행히도 그 해운상은 방송관계 책임을 겸하고 있었다. 그들은 그가 허가해 주지 않을 것을 알고 있었다. 하지만 그들은 절실한 종교인이었기 때문에 거짓을 생각하지 않았다.

"하여튼 해 보자! 우리에게 손해가 되는 것은 없잖아?"

한 친구가 제안을 했다.

이 젊은 사람들의 요구에 정부의 관리인 해운상은 조용히 귀를 기울였다. 의외에도 그의 반응은 놀랄만한 것이었다. 그들의 진실이 정부의 관리에게 어떤 효과를 주었을까? 정부의 관리는 그들에게 조용히, 그러나 힘 있게 웃으면서 말했다.

"나는 내가 할 수 있는 것을 여러분들에 말하겠소. 나는 당신들의 항해를 인정하겠소. 나는 또한 방송관계 책임자로서 개인이 운영하는 라디오 방송국을 설치하면 국가적으로 유리하다는 점을 생각하지 않은 것은 아니오. 그러나 나는 이 문제를 다만 제시할 수가 없었소. 당신들이 방송을 연구하고 또 건설적인 일을 하여 국가정책을 변경시킬 만큼 나의 사무실에 압력을 가한다면, 나는 그 일을 결코 방해하진 않을 것이오."

그 후 그 배는 항해를 하고, 국제 회로를 통해 방송을 시작했다. 뉴질랜드 사람들은 라디오로부터 새롭고 꾸밈없는 그들의 방송을 들었을 때 깜짝 놀랐고 깊이 감명했다. 그들은 이제 국가에 대하여 개인 방송국을 허가해 줄 것을 요구하였다.

그로부터 2년 후, 정부는 개인이 운영하게 될 최초의 상업 방송국을 허가했다. 오늘날 그 나라에는 네 개의 개인 방송국이 더 늘어나 개인에 의하여 운영되어지고 있다. 문을 두드려라. 그러면 길은 열릴 것이다.

4. 과감하게 변화를 시도하라

성공의 원리들을 하나의 관련된 상황과 관련되지 않은 상황에 연결되는 기술을 개발하라. 이것은 매우 중요하다. 이러한 원리를 당신이 처한 문제에 연관시켜 생각하라. 그러면 당신은 생활의 혁신자가 될 것이다.

사이러스 맥코믹크는 머리를 깎기 위해 이발소에 갔다. 이발사들은 구식 이발 기계를 사용하고 있었다. 그때 그는 그 이발 기계를 보고는 생각했다.

"왜 곡물을 거두어들이는 데에는 이발기계의 원리를 응용하지 않는가?"

그 결과는 어떠했는가? 귀리를 손으로 거두어들이는 일은 맥코믹크에 의하여 발명된 새로운 곡식 베는 기계에 의하여 대체되었다.

모든 성공을 확신하는 활동을 연결시키고 분석하여 검토하는 자세를 가져라. 왜 그것이 작용하는가를 연구하고 발견하라. 적극적인 원리가 왜 이용되어지고 있는가를 스스로 질문해 보라. 당신이 다른 곳에 그것을 적용할 수 있는가를 또한 질문해 보라.

5. 성공을 확신하라

적극적 사고의 게임을 하면서 당신은 창조적 정신을 위축시키는 말을 삼가하라. 즉, "돈이 너무 많이 든다", "그것을 할 여유가 없다", "조직을 가지고 있지 않다", "법이 그것을 허용하지 않을 것이다"라는 등의 말은 결코 하지 말라.

당신이 돈이나 시간 혹은 사람의 문제에 부딪쳐 망설이게 된다면 다음과 같은 질문에 집중함으로써 몇 개로 나누어진 적극적 사고의 게임을 할 수가 있다.

"어디에서, 또 어떻게 그 돈을 구할 수 있을까?"

"그 조직을 구성하는데 누구를 쓸 것인가?"

"어떻게 하면 시간문제를 해결할 수 있는가?"

"법률을 고치게 할 수는 없는가?"

"시간과 비용의 문제를 어떻게 하면 감축할 수 있는가?"

당신은 이러한 문제들이 모두 해결될 수 있다고 계속 믿어라. 당신이 갖고 있는 어떠한 계획이나 뜻, 꿈, 또는 목표가 실제로 생명력이 있는 것이라면 결코 눈앞의 장애물에 얽매이지 않을 것이다. 그러므로 여러 측면에서 시도하고 살펴보고 연구하라. 결코 멈추지 말라. 분명히 문은 열리고 후원자가 나타나고 열쇠가 발견되고 도움이 오고 방법이 세워질 것이라는 것을 믿어라. 그리고 계속 앞으로 나가라.

당신의 뜻이 생명력이 있는 것이라면 돈 문제 또한 진행에 따라 어렵지 않게 해결되리라는 것을 확신하라. 다음과 같은 법칙으로 적극적인 사고의 게임을 하라.

많은 돈은 유익하다. 계획을 수행하는 데 수백 만 달러의 돈이 필요하다면 거기에 필요한 여러 가지 생각을 하라. 창조의 문이 열리는 찰나에 위축되는 생각은 하지 말라. '돈의 부족'이라는 이유로 결코 위축되지 말라. 당신이 뛰어난 아이디어를 소유하게 되면 돈은 모여든다. 전 세계 각처에서 날마다 수백 만 달러의 돈이 은행에 저축되고 있다. 이 돈은 훌륭하고 새로운 투자 기회를 갈망하고 기다리고 있다. 법률은 고칠 수 있고 고쳐질 것이라는 사실을 기억하라. 현재 당신 나라의 법률이 당신이 하고 싶은 일을 하는 것을 허용하지 않는다면 적극적인 사고를 가진 변호사를 고용하거나 스스로 선정한 책임자와 만나 대책을 의논하라.

캘리포니아 주(州) 플라톤에 있는 윌리엄 보래셔스 박사는 10에이커의 넓은 땅에 아름다운 현대식 쇼핑센터를 짓기로 결정했다. 그런데 한 가지 문제가 발생하였다. 그곳에는 커다란 교차로가 있었다.

그 곳은 상업적으로도 분명히 성공 가능한 지역이었는데도 아직 누구도 그것을 개발한 적이 없었다. 조사 결과 그 이유가 밝혀졌다. 한 구역의 홍수 예방을 위한 터널이 그 곳을 통과하여 세워지도록 계획되어 있었으며 홍수 예방을 위한 터널이 묻혀 있는 지상에 건물을 세우는 것은 위법사항이었다. 그러나 윌리엄은 반문했다.

"왜 안 된다는 것인가? 홍수 예방이 목적이라면 왜 물줄기를 조정할 거대한 하수도를 만들지 않는가? 현대의 건축기술은 그 위에 안전하게 건물을 지을 수 있지 않는가?"

그는 그 일이 꼭 달성되리라는 것을 믿었다. 그는 거기에 몰두했다. 그리고 결국 성취한 것이다. 곧 법이 고쳐졌다. 지금 브라시어스 쇼핑센터는 12층의 거대한 풍모를 자랑하고 있다. 그리고 홍수 예방을 위한 지하 터널은 그 건물 밑에 안전하게 콘크리트로 축조되고 홍수를 염려하던 물줄기는 조용하게 흐르고 있다.

제아무리 어려운 사항이나 세부적인 문제들은 재정적, 기술적, 정치적, 법적, 심리학적 전문가들에 의해 모두 해결될 수 있다는 것을 기억하라. 이 세상 넓은 천지에는 당신이 성공의 문을 여는데 도움을 줄 명석한 두뇌들이 무한히 많다는 것을 명심하라. 당신은 원하기만 하면 언제든지 그들의 도움을 얻을 수 있다.

서부 해안 지역에 사는 몇 명의 젊은이들이 새로운 사업을 계획하였는데 놀랍게도 그들은 세계에서도 가장 유명한 화학자를 고용하는 데 성공했다. 그때 그 유명한 화학자는 이렇게 말했다.

"나는 새로운 변화, 말하자면 새로운 어떤 도전적인 일을 찾고 있었다. 그런데 이 젊은이들이 나에게 접근하여 왔을 때 나는 그들의 계획에 매우 감동되었다."

당신은 계획을 성취하기 위해 주어진 시간표를 조정할 수 있다는 것을 명심하라. 만약에 5년이 필요한 일을 목표로 정한 때에 기간이 1년밖에 없을지라도 결코 포기하지 말라. 당신은 그 일을 다섯 배나 더 빨리 진행할 수 있는 방법을 찾을 수 있다는 것을 기억하라.

6. 신은 항상 나를 도우신다고 생각하라

우주를 창조한 신은 당신을 격려한다는 사실을 기억하라. 윌마토드는 뇌성 소아마비로 태어나 휠체어를 탄 채 살고 있다. 그러나 그녀는 휠체어를 탄 사람들이 조직한 볼링 팀에 속해 있다. 그들은 스스로 '하면 할 수 있다'고 자칭한다.

"도대체 당신은 어떻게 공을 던지나요?"

내가 그녀에게 물었을 때, 그녀는 이렇게 말했다.

"우리는 공 던지기를 매우 원했어요. 그래서 생각한 끝에 비탈길을 만들어 공이 그 아래로 굴러가게 했어요. 그것은 아주 재미있는 일이에요. 중요한 것은 우리가 할 수 없다는 것이 아니라 할 수 있다는 것이에요."

당신에게 지금 꼭 필요로 하는 것은 바로 '신념'이다. 어떤 사람은 이렇게 말했다.

"신념은 곧 책임이다. 이것은 바로 신의 능력에 대한 나의 대답이다."

자신을 믿는 사람이 승리한다

에머슨은 기발한 진리를 말하고 있다.

"할 수 있다고 믿는 자가 승리한다."

그리고 그는 다음과 같이 덧붙여 말하고 있다.

"당신이 두려워하고 있는 일을 실천하라. 그러면 그 두려움은 없어질 것이다."

당신도 자신과 신념을 가지고 실천하라. 그러면 당신의 불안과 공포는 아무것도 아니란 사실을 깨닫게 될 것이다.

일찍이 남북전쟁 때 남군의 스톤월 잭슨 장군이 결사적인 공격을 계획했을 때, 이것을 두려워한 부하 장군 하나가 이에 반대했다.

"그것은 무모한 작전입니다. 저는 실패할 것을 두려워하고 있습니다."

그러자 잭슨 장군은 이 겁쟁이 부하의 어깨에 손을 올려놓고 이렇게 말했다.

"장군, 자네의 공포심과 상의해서는 안 되네."

이 얼마나 정곡을 찌른 말인가!

당신은 절대로 공포심에 귀를 기울이지 말고 과감하게 외면해야 한다.

오로지 신념에 귀를 기울여야 한다.

당신의 마음을 신앙과 자신(自信)과 안정된 생각으로 채워라. 이것이 모든 의구심과 불안을 쫓아내는 비결이다.

나는 오랜 동안을 불안과 공포에 시달리고 있는 사람에게 성서를 잘 읽고, 용기와 자신에 관한 말씀에는 모두 붉은 연필로 밑줄을 치라고 일러 준 일이 있다. 그랬더니 그는 이 일을 성실히 실천하고, 그 말씀들을 마음 깊이 새겨, 그 결과 그의 마음을 이 세상에서 가장 건전하고 행복하고 강력한 생각으로 채우게 되었다. 이 적극적인 사고방식이 비굴하고 절망상태에 빠져 있던 그를 적극적인 힘의 주인공으로 탈바꿈을 시켜 놓았다. 그것도 불과 몇 주일 사이에 그와 같은 변화를 가져왔으니, 이 얼마나 놀라운 일인가! 거의 돌이킬 수 없을 만큼 패배자이던 그가 자신에 넘치는 용감한 사나이로 바뀐 것이다. 이제 그는 용기와 매력을 사람들에게 퍼붓고 있다.

이 사나이는 '자신의 사고방식을 조절한다'는 아주 간단한 테크닉으로 자기 자신과 자기의 힘에 대한 신념을 되찾게 되었던 것이다.

자신을 갖기 위한 10가지 법칙

그러면 이제까지 설명한 것을 요약해 보자.

자신을 갖기 위해 지금 해야 할 일은 무엇인가?

다음에 나열한 항목들은 '나는 무능하다'는 태도를 극복하고 신념을 쌓아올리는데 필요한 간단하고도 효과적인 10가지 법칙이다. 이 법칙은 수천 명의 사람들이 실천하여 큰 성과를 거두었다고 보고하고 있다.

당신도 이 계획을 실천해 보라. 그러면 틀림없이 당신의 능력에 대한 자신감이 솟아오를 것이다. 당신도 강력한 힘을 지니고 있다는 새로운 자각을 가지게 될 것이다. 새로운 자각을 가지게 될 것이다. 열등의식을 영원히 버리게 될 것이다.

01. 당신의 마음속에 당신이 성공하고 있는 모습을 그림으로 완성시켜, 언제까지나 그 그림이 지워지지 않도록 깊이 새겨 놓아라. 이 그림을 끈기 있게 지녀 나가라. 절대로 그 그림을 흐려지게 해서는 안 된다. 당신의 마음은 그 그림이 점점 커져 가기를 바라게 될 것이다. 절대로 실패한 모습을 생각해서는 안 된다. 절대로 성공에 대한 마음의 그림의 실천성을 의심해서는 안 된다. 인간의 마음이란 항상 마음에 그리는 생각을 완성시키려고 노력한다. 그러므로 설사 사태가 아무리 나쁘더라도 언제나 마음속에는 '성공'의 그림을 그려야 한다.

02. 당신의 능력에 대한 소극적인 생각이 마음속으로 들어오거든, 언제나 곧 그것을 내쫓기 위해 적극적인 생각을 소리 내어 말하라.

03. 상상으로 장애물을 만들어서는 안 된다. 소위 장애물이란 어떤 것이든 대단치 않게 생각하라. 장애물을 없애려면 그 어려운 점이 무엇인가를 잘 연구하여 신중히 처리해야 한다. 그러나 이때 그 상황을 사실 그대로 보는 것이 좋다. 절대로 불안이나 공포로 침소봉대(針小棒大)해서 생각해서는 안 된다.

04. 다른 사람들에게 위압되어 그들의 흉내를 내려고 해서는 안 된다. 어떤 사람도 당신의 일을 당신만큼 잘 처리할 수는 없다. 대부분의 사람들은 자신에 넘치는 것처럼 보이려고 행동하지만, 신은 당신과 마찬가지로 불안에 떨고 자기 능력을 의심하고 있는 경우가 많다는 사실을 명심하라.

05. 다음의 적극적인 말을 하루에 열 번씩 되풀이해서 말하라. '하나님이 우리를 위하시면, 누가 우리를 대적하리오' 지금 당장 이 책 읽는 것을 잠시 멈추고, 신념을 가지고 천천히 이 말을 반복해서 말하라.

06. 당신을 정확히 알기 위해 상담역이 될 유능한 조언자를 구하라. 그리고 열등의식과 자기불신감의 근원을 찾으라. 이와 같은 감정은 흔히 어린 시절에 싹튼다. 열등의식을 치료하려면 우선 당신 자신에 대하여 정확히 알아야 한다.

07. 다음과 같은 신념의 말씀을 하루에 열 번씩 소리 내어 읽으라. '내

게 능력 주시는 자 안에서 내가 모든 것을 할 수 있느니라.'
지금 곧 이 말을 되풀이해서 말하라. 이 마법의 말씀은 열등의식을 없애 주는 세상에서 가장 강력한 해독제이다.

08. 당신 자신의 능력을 정당하게 평가한 다음, 그것을 10%만 높이 끌어 올려라. 자기중심의 독단에 빠지지 말고, 건전한 자존심을 가지란 말이다. 하나님에 의해서 해방된 당신 자신의 능력을 굳게 믿으라.

09. 당신 자신을 하나님의 손에 내맡기라. 그러기 위해서는 '저는 하나님 수중에 있나이다'라고만 말하면 된다. 그리고 당신은 현재 필요한 모든 힘을 그분으로부터 받고 있다고 믿으라. 힘이 당신 속으로 흘러들어오고 있음을 느끼라. 그리고 당신에게 필요한 힘을 주는 근원인 다음과 같은 말을 신념을 기울여 말하라.
'하나님의 나라는 너희 안에 있느니라'(누가복음 17:21)

10. 하나님이 항상 당신과 함께 계시어 어떤 일도 당신을 패배시키지 못한다는 사실을 항상 마음속에 간직하라. 당신은 이제 하나님으로부터 힘을 받고 있다는 사실을 굳게 믿으라.

기적을 창조하는 정열

먼저 생각부터 정열적이어야 한다.
그래야만 정열적인 행동으로 옮아 갈 수 있다.
그 어떤 비난이나 비평, 불평도
당신의 정열적인 행동을 억제하지 못하도록 하라.

기적을 창조하는 정열

어떤 일을 할 때 정열적인 자세를 가지는 것은 참으로 중요한 일이다. 정열적인 힘은 곧 성공의 궤도로 오르게 하는 추진력과 같기 때문이다.

정열은 폭발적인 힘의 원천이다. 빈곤을 정복할 수 있는 스태미나이며 동시에 그것은 '시작'을 '마무리'로 변화시킨다.

정열적인 자세와 마음가짐이 없이 어떤 일을 계획한다면 용두사미가 되기 일쑤다.

녹슬고 무디어진 칼날은 더 이상 자르는 기능을 발휘하지 못한다. 흐려진 창문은 더 이상 산뜻한 빛을 받을 수가 없다. 늘어진 기타 줄은 제 소리를 더 이상 낼 수가 없다. 기름이 떨어진 엔진은 더 이상 가동되지 않는다.

정열적인 태도와 마음가짐으로부터 벗어나 부족한 꿈의 소유자들이 세우는 목표와 결정과 문제 해결은 바로 더 이상 진전될 수가 없다. 하지만 정열의 놀라운 힘을 얻게 된다면 그때부터 날카로운 칼날처럼 장애물을 자를 수 있을 것이고 투명한 창문처럼 희망의 빛을 마음껏 받아들일 수가 있을 것이다. 또한 머지않아 완전히 조여지고 맞추어진 기타 줄의 화음과도 같은 승리의 쾌거를 울리게 될 것이다.

정열적인 행동을 나타내라

당신은 지금 정열적인 행동을 스스로 억제하고 있다고 생각하는가? 그렇다면 일을 시작하기 전에 벌써 패배를 의식하고 있다. 당신이 갖는 패배에 대한 두려움은 스스로 언젠가는 다가올 패배에 대해 그 결과를 긍정하는 일이 된다.

혹시 희망이 깨어지지나 않을까 하는 두려움이 당신의 정열적인 행동을 억압한다면 결코 성공의 기쁨을 누리지 못한다는 사실을 긍정하는 것이다.

성공하고자 하는 노력이 없다면 당신은 분명 실패하고 말 것이다. 희망에 찬 마음으로 적극적인 행동력으로 밀고 나가지 않는다면 꿈은 한갓 무력하게 되고 말 것이다. 그러나 반대로 이미 사그라진 희망의 풋대를 다시 세울 정열적인 행동을 갖는다면 당신은 새로운 시도를 위해 노력함으로써 지금까지의 수준보다도 월등한 목표달성의 꿈을 이룰 수 있을 것이다.

무엇보다도 먼저 생각하는 것부터 정열적인 자세를 가져야 한다.

그래야만이 그 생각을 정열적인 행동으로 옮길 수가 있다.
정열적인 행동은 무한한 성공의 추진력이다. 따라서 정열적인 행동을 억제하지 않은 적극적인 사고야 말로 성공의 지름길이다. 수많은 장애물이 당신의 미래를 위협한다 할지라도 꿈은 결코 멈추지 않을 것이다. 당신이 가진 꿈은 바로 미래에 대한 최고의 이상이 될 것이다.

정열적인 행동을 억제하는 장애물

구태의연하고 무력한 위엄은 한낱 정열적인 행동을 억제하는 구실에 불과하다. 이것은 바로 거짓이며 소극적인 사고를 가진 사람들의 또 하나의 변명의 요건이다.

* **그것은 너무 유치한 생각이다.**
* **그것은 너무 연극적이고 가식적이다.**
* **그것은 너무 품위가 없다.**

이러한 가장된 위엄이 당신의 정열적인 행동을 억제하고 희망을 무력하게 하지 않도록 하라. 당신은 더러 매우 위엄이 있는 척 할는지 모르지만 그러한 자세는 결코 당신에게 진보를 가져다주지 않는다.

"왜 정열적인 행동을 억제하는가?"

만약에 보수적이고 전통의 구습에만 사로잡혀 있는 사람이 이와 같은 질문을 받는다면 아마 다음과 같은 대답을 하게 될 것이다.

"만약에 내가 정열적인 행동을 억제하지 않는다면 아마 나는 너무 정열에 사로잡힌 나머지 여러 가지 변화를 각오해야만 할지도 모른다."

놀라운 힘을 기르는 비결

정열적인 힘은 거대한 산을 녹일 수도 있다. 그러면 어떠한 방법으로 그 놀라운 힘을 소유할 수 있겠는가? 그것은 먼저 적극적인 사고를 가져야 한다. 그럼으로써 의욕이 왕성해질 수 있기 때문이다.

당신의 생활이 적극적이고 긍정적인 확신으로 채워진다면 다음과 같은 사실을 체험하게 될 것이다.

첫째, 중요한 기회가 주어진다.
둘째, 문제를 해결할 수 있는 새로운 방법을 찾아낼 수 있다.
셋째, 불가능이라는 장애물을 극복할 수 있다.
넷째, 신이 당신을 위해 미리 준비하신 능력이 비로소 열린다.
다섯째, 절망은 사라지고 소망으로 가득 찬 인생을 꿈꿀 수가 있다.

그렇다면 결코 소멸되지 않는 정열적인 자세를 가질 수는 없을까? 그것은 분명히 가능하다. 현실적으로 얼마든지 가능한 일이다.

성경의 시편에서도 다음과 같은 글이 있다.

"복이 있는 자는 시냇가에 심은 나무가 시절을 따라 과실을 맺으며 그 잎이 마르지 않음과 같으니 그 행하는 바가 다 이루어지리로다."

당신은 지금 실망 속에 빠져 있는가? 만약 그렇다면 당신에게는 이와 같은 말이 아무 가치가 없다는 사실을 알아야 한다. 당신의 눈에 보이는 '꼭 현실로 나타날 수 있는 약속'만을 기대하고 있는 것이다.

당신은 지금 후회하고 있는가? 그렇다면 당신은 '후회'라는 그 의미조차도 모르고 있는 것이다.

당신은 또한 위축감에 빠져 있는가? 그렇다면 스스로 정열적인 자세의 엔진에 가속을 약화시키는 일을 추진하고 있을 뿐이다. 그것은 바로 당신의 정신적인 가스 연료가 부족하다는 것을 의미한다. 그러므로 지금 곧 적극적인 사고로 당신의 위치를 바로잡아 정열적으로 전진하라.

인간은 흔히 정해진 틀에 얽매이는 경향이 있다. 바로 여기에 우리의 문제점이 있다. 새로운 변화를 두려워하고 그 변화와 투쟁하고 새 아이디어를 거부하여 우리 자신을 스스로 억압하는 경향, 이것은 정열적인 사고와 행동이 왜 소극적인 사람이 추진하지 못하는 위험 요소인가를 잘 나타내 주고 있다. 소극적인 사람에게 있어서 정열적인 모든 것은 회피하고 억제하고 싶은 폭탄으로 여겨지고 있다.

"이런 식으로는 이제껏 한 번도 이루어진 적이 없었다."

"이것은 우리 조직의 방침이 아니다."

"그것은 우리의 전통에 맞지 않다."

이와 같은 소극적이고도 바뀌지 않는 일반적인 통념 때문에 우리의 잠재적인 정열과 적극성은 보이지 않게 소멸되고 만다. 이렇게 소극적인 사람은 그가 제아무리 정열적인 행동력을 소유하고 있다고 하더라도 그 정열은 잠재된 채 능력을 발휘하지 못한다.

또한 적극적인 사람이 결국은 전통에 대항하고 기존 전통을 파괴하는 행동가라고 단정지어서는 안 된다. 보다 책임감이 강하고 적극적인 사고를 가지고 있는 사람은 그들의 전통의 가치를 누구보다도 잘 알고 있다. 그들은 또한 새로운 시도가 어떤 하나의 전통을 형성하게 될 경우 그 가운데 반드시 가치 있는 일이 있음을 본능적으로 알게 된다. 적극적인 사고의 사람은 결코 전통을 무차별하게 무시하지는 않는다. 그는 자기의 중요한 체험을 통해서 얻은 어떠한 원칙하의 성공의 요소를 무분별하게 무시하지는 않았나? 하고 오히려 겸손한 태도로 염려한다.

무시하고 비난하기 위해 전통의 맥락을 찾는 진보주의자는 결코 적극적인 사고를 가진 사람이 아니다. 그는 한낱 무책임하고 소극적인 사람에 불과하다. 그는 일을 진행하기 보다는 자기 자존심을 세우려는 가운데 도취하여 너무 신경과민적으로 필요 이상의 주의를 쏟는다.

그러면 왜 적극적인 사람은 지금까지의 확실하고 참된 전통을 위협하게 될지도 모르는 정열적인 행동을 하고 있는가? 그 이유는 그가 전통이나 진보주의적인 양면을 함께 유지하면서 결코 어느 한 가지에만 편중되는 그릇된 일면을 보이지 않는 훌륭한 방법이 있다는 것을 확신하기 때문이다.

"우리는 지금까지 좋은 일을 많이 해왔다. 앞으로는 그 일을 조금 더 잘해 보자."

이것은 바로 적극적인 사고를 가진 사람의 태도이다. 그는 정열적인 행동을 결코 억제하지 않는다. 오히려 정열적인 행동을 통해 잠재된 자신의 창조력을 이용하여 자기 자신의 향상은 물론 친구들이나 이웃을 향상시키는 개발의 추진력으로서 사용한다. 그는 항상 '우리는 지금까지 좋은 일을 많이 해왔지만, 앞으로는 그 일을 조금 더 잘 해보자'라고 자기 자신에게 격려한다. 그는 이와 같이 적극적인 태도로써 정열적인 행동을 추구한다. 그것은 바로 그대로 두면 점점 쇠퇴하여 시들어 버릴 전통을 항상 새롭게 계속 유지시키기 위함이다. 만약에 전통이 끊임없는 정열에 의해서 항상 새로워지지 않는다면 그 전통은 분명히 시들게 되고 결국은 우리의 기억에서 조차도 지워지고 말 것이다.

그러므로 그 어느 것에도 당신의 정열적인 행동을 멈추지 말라.

그 어떤 비난이나 비평이나 또는 불평도 당신의 적극적인 사고와 정열적인 행동을 억제하지 못하도록 하라. 어느 회사의 중역은 이런 말을 했다.

"불평이 많은 부서는 우리의 능력을 가장 많이 제한하는 부서이다."

그는 물론 적극적인 사고를 가진 사람이었다.

그리고 정열적인 행동력을 가진 사람이었다.

기적을 창조하는 정열적인 행동

나는 캘리포니아 주 오렌지에서 매우 인상 깊은 교사 한 사람을 만났다. 월터스라고 하는 그 여교사가 가르치는 학생들의 성적은 놀라울 만큼 향상되었다. 그녀의 교육방법도 또한 흥미진진하였다. 어느 일요일에 예배를 마친 후 그녀에게 물었다.

"당신이 그와 같이 훌륭한 교육을 시킬 수 있는 비결은 무엇입니까?"

그녀는 입가에 잔잔한 미소를 띠우더니 조용한 목소리로 다음과 같이 대답했다.

"비결이란 별다른 게 아닙니다. 지금까지의 전통적인 접근방법을 약간 변형시킨 것입니다. 나는 새 학급을 책임 맡게 될 때마다 첫 번째 1주일 동안은 학급의 학생들에게 적극적인 사고와 정열적인 태도를 형성시키는데 주력합니다. 나는 이 학생들 가운데에는 많은 학생이 충분한 잠재 능력을 가지고 있으면서도 지금까지 좋은 성적을 얻지 못했다는 것을 알고 있습니다. 그들의 소극적인 자화상은 마치 1월에 미네소타 주의 땅이 꽁꽁 언 것처럼 딱딱하고 고정되어 있습니다. 내가 맨 첫날 학생들에게 실시하는 적극적 사고에 관한 강의는 마치 처음 내리는 봄비처럼 포근하게 학생들의 의식 속으로 스며들게 합니다. 처음에 학생들은 나의 강의에 대해 비웃고 떠들며 때로는 조소도 합니다. 그러나 멈추지 않고 정열적으로 계속되는 두 번째, 세 번째, 네 번째 강의는 차츰차츰 그들의 의식 속으로 뿌리를 내리기 시작합니다. 강의를 시작한지 5일째 되는 날에는 그들에게 숙제를 내줍니다. 이 숙제는 실제로 학생들에게 그들의 소극적인 사고를 녹일 수 있는 계기를 부여해 줍니다. 이러한 방법으로 나는 적극적인 사고와 정열적인 행동의 씨앗을 학생들의 몸과 마음에 심어줄 수 있었습니다."

그녀의 얘기를 듣고 난 후 다시 물었다.

"그러면 그 숙제란 어떤 것입니까?"

"예, 그 숙제란 그들 자신의 적극적인 사고를 작성하게 하는 일입니다. 나는 학생들에게 이러한 숙제물에 대해 점수를 매겨 등급으로 나눌 것이라고 예고합니다. 그리고 그것을 기록부에다 적습니다. 나는 적극적이고 정열적인 사고에 대한 숙제물을 학생들에게 내어 줌으로써 그것이 학생들의 머리를 사로잡게 합니다."

그녀는 나에게 그 숙제물 하나를 주었다. 그것은 다음과 같다.

"여러분이 바라는 것을 가장 훌륭하게 성취할 수 있는 여섯 가지 단계—"

만약 희망을 말(馬)이라고 가정한다면 희망이라는 말은 탈 수 있다. 그런데 그 말을 타기 위해서는 다음의 여섯 가지 단계를 거쳐야만 한다.

1. 당신이 원하고 있는 점수를 분명하게 생각하라. 그저 막연하게 '좋은 점수를 얻고 싶다'라고 생각하는 것만으로는 이루어지지 않는다.
2. 당신이 원하는 점수를 얻었을 경우에 그 기쁨을 어떻게 누릴 것인가를 상상하라. 당신이 원하는 좋은 점수를 얻지 못했을 경우에는 기쁨의 보상도 없을 것이다. 그러므로 당신이 원하는 점수를 얻었

을 때 어떤 대가를 원하는가를 분명히 체크하라.
3. 당신이 원하는 점수를 얻을 수 있을 때를 분명히 정하라. 목표달성을 위한 기간 설정은 꼭 필요하다.
4. 당신이 원하는 바가 꼭 이루어지도록 계획을 세운 다음 메모와 더불어 즉시 실천하라. 설혹 계획이 완전히 준비되지 않았다 하더라도 그 계획을 일단 행동으로 옮겨라. 지금 즉시 시작하라.
5. 당신이 왜 그 점수를 원하는지 종이에다가 작성하라. 또한 원하는 점수를 얻기 위해 어떻게 할 것인가를 계획을 세우고 그것을 분명히 기록하라.
6. 당신이 종이에 작성한 위의 다섯 가지를 날마다 두 번씩 큰소리로 반복하여 읽어라. 아침에 잠자리에서 일어난 후에 한 번, 그리고 밤에 잠자리에 들기 전에 한 번씩 꼭 읽어라. 그러면서 이미 원하는 점수를 얻었다고 믿어라.

월터스 부인이 사용한 이 테스트는 당신 자신도 할 수 있다. 위와 같은 방법을 이용해 보라. 당신이 지금까지 세운 꿈과 계획을 위와 같은 방법으로 다시 수정하고 꼭 행동으로 옮겨라.

삶이 주는 위대한 교훈

한 노인과 어린 소년이 어느 낯선 지역에서 숲 속으로 이어진 수로를 통과하고 있었다. 그때 노인은 물에서 나뭇잎을 한 개 따서 그 나뭇잎의 엽맥을 보았다. 그리고 나서 그 소년에게 다음과 같이 물었다.

"얘야, 너는 이 나무에 관하여 아는 것이 있느냐?"

그 소년은 간단하게 대답했다.

"아직 저는 그것을 연구해 보지 않았어요."

그러자 그 노인은 다시 말했다.

"얘야, 너는 이미 너의 생의 25%를 놓치고 말았구나!"

그리고 나서 그 나뭇잎을 물속으로 다시 던져 버렸다. 그들은 숲을 지나 점점 물가로 다가갔다. 그때 노인은 물가에서 반짝거리는 젖은 돌 한 개를 집어 들었다. 그리고 그것을 손바닥 위에 올려놓고 이리저리 굴려 보았다. 그러자 그 돌은 햇볕을 받아 반짝거리고 있었다. 노인은 소년에게 물었다.

"얘야, 이 반짝이는 돌을 보아라. 너는 이 지구에 대해 생각해 본 적이 있느냐?"

"저는 아직 그것을 연구해 보지 않았어요."

그러자 그 노인은 다시 물속으로 돌을 집어 던졌다. 그리고 나서 소년에게 말했다.

"얘야, 네가 아직도 지구를 덮고 있는 흙에 관하여 아는 것이 없다면 너는 네 인생의 25%를 잃어버린 것이다."

두 사람은 계속 물길을 따라 표류하고 있었다. 어느덧 땅거미가 지고 있었다. 사방에 어둠이 깔리자 하늘에 별이 하나 보였다. 노인은 하늘을 바라보면서 소년에게 물었다.

"애야, 하늘에 있는 저 별이 보이지? 너는 저 별이 무슨 별인지 아느냐? 너는 별이 있는 천체에 관하여 아는 것이 있느냐?"

노인의 물음에 소년은 슬픈 얼굴로 말했다.

"할아버지, 저는 아직 그러한 것을 연구하지 못했어요."

그러자 노인은 소년을 향해 돌아보며 충고조로 말했다.

"애야, 너는 너무 모르는 게 많구나. 나무에 관해서도 모르고, 흙에 관해서도 아는 바가 없고, 또 하늘에 관해서도 아는 바가 없으니 너는 너의 인생의 75%를 잃고 있구나."

조금 후에 그들은 갑자기 그들의 앞으로 다가오는 폭포의 소용돌이 소리를 들었다. 그들이 탄 통나무배는 갑자기 급류에 휘말리면서 여울 속으로 빠져 들었다. 그때 소년이 외쳤다.

"할아버지, 폭포에요, 뛰어내리세요! 할아비지, 수영하실 줄 아세요?"

그러자 노인은 다급히 대답했다.

"나는 아직 수영을 배우지 못했다."

그러자 소년이 다시 외쳤다.

"그러면 할아버지는 생의 모든 것을 잃어버린 겁니다."

그때 여행자인 노인으로서는 익사의 위협을 받고 있었기 때문에 수영에 관한 지식이 가장 절실했다.

마찬가지로 당신은 적극적인 자세를 계발하는 것이 무엇보다 중요하다. 그것이 없이 결코 정열적인 힘을 유지시킬 수 없기 때문이다.

정열적인 힘을 유지하는 9가지 비결

수년 동안에 걸쳐 나는 적극적인 자세로 정열적인 힘을 유지해 왔던 많은 사람들을 계속 연구 관찰해 오고 있다. 그런데 그들에게는 적극적인 자세를 갖게 하는 일반적인 원리가 있었다. 당신도 이 원리를 이용하면 정열적인 힘을 지속적으로 유지할 수가 있을 것이다.

1. 당신이 지금 어떠한 상황에 처해 있든지 간에 매일 만나는 사람들에게는 항상 적극적이며 긍정적으로 얘기하라. 그것이 현실적으로 불가능하다고 생각하는가? 물론 당신이 소극적인 사고를 가지고 있다면 그것은 어려운 일이다. 그러나 적극적인 사고를 가지고 있다면 그것은 충분히 가능한 일이다. 정열적인 사람은 항상 기쁜 소식, 밝은 인사, 재미있는 이야기, 능률적인 보고, 희망적인 예측을 한다. 그는 계단을 내려가는 사람들의 표정 가운데서도 기쁜 소식을 발견하려 한다.

 14년 동안이나 비서로 일하고 있는 로이스 웰델 여사로부터 어느 날 전화가 왔다. 그녀의 목소리는 몹시 번민에 차 있었고, 나에게 면담을 요청했다. 그녀는 더듬거리며 울먹였다.

 "박사님, 저는 방금 알았어요. 제가 암에 걸렸어요. 이 병은 정말

치명적인 병이지요?"

 나는 곧장 그녀의 집으로 달려갔다. 그녀의 집 앞에 차를 세우고서 혼자 생각했다. 그녀에게 무슨 말을 해야 할 것인가? 나는 신에게 내가 그녀에게 무엇인가를 말해 줄 수 있도록 지도해 주실 것을 간절히 기도했다. 그리고 나서 그녀의 집으로 들어섰다.

 그로부터 수년 후, 그때 내가 한 말에 대해 그녀는 다음과 같이 말했다.

 "박사님, 그때 박사님께서는 저를 위해 기도하셨어요. 박사님의 그 적극적이고 정열적인 기도는 저로 하여금 공포의 늪에서 평온의 뜰로 옮겨 서도록 유도해 주었어요. 박사님의 기도는 정말 감사의 기도였어요. 박사님은 그때 다음과 같이 기도해 주셨어요. '오! 전지전능하신 신이여, 저희는 오늘 정말 감사합니다. 이 무서운 병을 초기에 발견하게 됨을 진심으로 감사합니다. 저희가 의학의 첨단을 걷고 있는 나라에 살고 있는 것 또한 감사합니다. 저희는 암 치료에 있어 어느 때보다 많이 진전된 시대에 살고 있는 것을 감사합니다. 저희는 또한 웰델 여사가 그녀를 격려해 줄 수 있는 남편과 많은 친구들이 있음을 감사합니다. 좋은 신앙의 이웃과 친구들이 있음을 감사합니다. 전지전능하신 신이여! 웰델 여사가 특히 깊고 아름다운 신앙의 선물을 소유하고 있음을 그 무엇보다도 감사드립니다. 웰델 여사의 미래가 어떠할는지 저희는 알지 못합니다. 그러나 웰델 여사의 미래를 누가 책임지고 있는지를 그녀는 알고 있습니다. 감사합니다. 아멘!' 박사님의 기도가 끝나는 순간부터 저의 가슴에는 평온의 빛이 비추기 시작했어요."

당신은 위와 같은 극단적인 예를 통해서 제아무리 어려운 상황이라 하더라도 매일 만나는 사람들에게 긍정적인 말을 발견할 수 있다는 것을 알 수 있을 것이다.

원리가 통괄적으로 적용될 때 그 결과는 기적을 창조한다. 그것은 믿을 수 없을 만큼 쉬운 일이다. 그것은 또한 즐거운 습관이 될 수도 있다. 특히 당신이 위의 원리를 다음의 원리에 연결시킬 수 있다면 더욱 놀라운 기적을 창조할 수 있을 것이다.

2. 당신은 어떠한 상황에 처해 있든지 간에 항상 적극적이고 긍정적인 면만을 바라보라. 좋은 면만을 찾으라. 그러면 분명히 찾을 수 있을 것이다.

3. 당신은 항상 '적극적인 사고는 누구든지 활용할 수 있다'고 생각하라. 당신의 적극적인 사고는 곧 당신을 정열적인 사람으로 변화시켜 줄 것이다. 당신도 분명히 적극적인 사고를 활용할 수 있다.

한 프랑스 부인이 루이 시아나 베이오우에 있는 조그마한 집에서 살고 있었다. 그녀는 적극적인 사고를 가진 사람이었다. 그녀는 자신이 살고 있는 그 곳을 무척 아꼈지만 이웃에는 소극적인 사고를 가진 사람들로 꽉 차 있었다. 소극적인 그들은 항상 '황폐하고 사람 살기에 부적당한' 그곳에서 떠나 살지 못한 것을 불만으로 여기고 있었다. 적극적인 사고를 가진 그녀에게는 그들의 불평이 너무 지나치다고 생각되었다. 그래서 그녀는 어느 날 가장 불평이 심한 한 프랑스 사람에게 다음과 같이 충고했다.

"당신은 지금 베이오우에 살고 있지요? 베이보우는 시냇가에 위치하고 있고, 이 시내는 강으로 연결됩니다. 강은 또한 바다로 연결되고 바다는 세계 각국의 어느 곳으로든 다 연결되고 있습니다. 당신이 마음먹기만 하면 언제 어느 때든지 원하는 곳으로 갈 수가 있습니다."

당신은 현재 있는 곳에서 어디든지 원하는 곳으로 갈 수 있다는 것을 안다면, 꼭 성공하리라는 것을 믿으라. 그러면 앞을 향해 전진하게 되고 또한 다음의 원리로 들어서게 될 것이다.

4. 이제부터 머릿속에서 '왜 안 되는가'라는 부정의 생각을 지워 버려라.

"왜 안 되는가?"

그 이유를 오래 생각할 필요 없이 '분명히 되는 일이다'라고 긍정적인 면부터 생각해 보라.

당신은 머릿속에 만약 좋은 아이디어가 떠오르는데도 그 아이디어를 실천에 옮기지 않는다면 누군가가 당신의 아이디어를 앞질러 시도할 것이다. 왜 당신은 못하는가? 당신이 못한다고 생각하는 바로 그것을 누군가는 분명히 하고 있다. 당신은 다음과 같은 질문을 스스로에게 던져 보라.

"만약에 그 일을 그들이 할 수 있다면 왜 나는 못하는가? 미국의 대통령 후보였던 로버트 케네디 씨는 다음과 같이 말했다.

"대부분의 사람들은 현재 겪고 있는 일들을 보고 '왜?'라고 소극적인 태도를 취한다. 그러나 나는 과거의 없었던 일을 꿈꾸며 '왜 못하는가?'라고 생각한다."

5. 당신의 머릿속에서 맴도는 모든 소극적인 생각들을 '지금 바로 시도하자'라는 적극적인 생각으로 추진하라. 결코 적극적인 생각을 시들게 하지 말라. 당신은 적극적인 생각을 항상 붙들고 유지시켜라. 적극적인 생각을 지금 바로 행동으로 옮겨라. 만약 그렇지 않으면 그 생각은 한낱 물거품에 지나지 않는다.

나는 좋은 생각이 머리에 떠오를 때는 언제나 메모를 해둔다. 목표 달성을 위해 이것은 매우 중요한 일이다. 당신은 적극적인 생각이 떠오를 때마다 그것을 즉시 기록해 둘 수 있도록 항상 종이를 준비해 두라. 좋은 생각이 떠올라 종이에 기록할 때는 언제나 '지금 바로 시도하자'라고 기록하라. 당신의 생각을 누군가가 시도하기 전에 먼저 시도하라. 그러면 남들로부터 '비범한 사람'이라 불릴 것이다.

스코틀랜드의 세균학자이며 노벨상 수상자인 알렉산더 프레밍박사는 죽음으로부터 생명을 구해내는 항생물질인 페니실린을 발견하였다. 그는 어느 날 아침, 런던 대학에 있는 그의 실험실에서 박테리아가 든 배양기 주위에 세균이 죽어 있는 것을 보았다. 그는 연구용으로 약간의 곰팡이를 가져다가 빈 유리관에 보관하였다. 프레밍박사의 연구과정을 지켜본 한 사람은 이렇게 말했다.

"나는 그가 즉시 그의 관찰을 실행하였던 점이 가장 인상 깊었다. 흔히 대부분의 사람들은 어떤 특이한 상황을 대할 때는 그저 '흥미롭다'고 생각할 뿐 그 흥미를 발판으로 더욱 연구해 보려고는 하지 않는다."

당신의 적극적인 사고를 행동으로 옮겨라. 그리고 그 사고의 씨앗을 심어라. 그러면 당신은 매우 놀라운 일이 벌어지는 것을 기대할 수 있을 것이다.

6. 적극적인 기대감을 활용하라. 왜 어떤 사람은 항상 정열적인 것처럼 보이는가? 이것은 그들이 '정열적인 일이 일어난 것'이라고 믿고 기대하기 때문이다.

당신이 스스로 계획한 높은 뜻에 정열적인 자세가 미치지 못할 때 그 문제에 대한 원인을 정확하게 분석해야 한다.

"오늘 일어날 어떤 일도 기대하지 않는다."

위의 문제에 대한 해결은 별로 어렵지 않다. 적극적인 일을 계획하라. 당신이 그 일에 몰두할 수 있는 의욕적인 생각을 가져라. 그러면 무엇인가 성취할 수 있는 의욕적인 일이 주어질 것이다.

7. 적극적이고 정열적인 힘을 활용하라. 당신은 기대하는 바가 꼭 이루어지지는 않을 것이라고 생각하는가? 그렇다면 다음과 같은 원리를 이용하라. 당신에게 있어서 어려움이 아닌 하나의 감미로운 축복,

이러한 기대감으로 마음을 채울 때 정신은 더욱 강해질 것이다.

어느 날 한 부인으로부터 편지를 받았다. 그 편지 속에서 그 부인의 놀랍고도 적극적인 '그러나'라는 말을 발견했다. 그 편지를 일부 소개하면 다음과 같다.

"저는 사랑하는 남편을 잃었어요. 그러나 저에게는 아직 자식들이 있어요. 우리가 가진 주식의 값은 굉장히 떨어졌어요. 그러나 저는 아직 집을 가지고 있습니다. 이것은 아직도 우리에게 여유가 있음을 뜻하지요. 요즘 저의 청각은 점점 악화되고 있어요. 그러나 저는 여전히 책을 잘 읽을 수 있어요. 저의 사랑하는 아들은 이곳에서 딴 곳으로 이사를 갔답니다. 그러나 나는 일주일에 한 번씩은 전화로 아들의 목소리를 듣고 있어요."

8. 당신은 이제 적극적인 반응을 추진할 수 있도록 자신을 훈련시켜라. 노르만 빈센트 필 박사가 한 번은 어떤 사람에게서 '당신은 적극적인 사고를 얼마나 깊이 적응시키는가?'라는 질문을 받았다. 그때 빈센트 필 박사는 다음과 같이 대답했다.

"나는 내가 주시하는 범위 이상의 어떤 상황에도 적극적인 사고를 적응시킵니다. 당신은 일상생활에서 때때로 당신 스스로 어찌할 수 없는 여러 가지 문제에 부딪칠 것입니다. 당신과 아주 가까운 사람이 교통사고로 죽었다고 생각해 보십시오. 이 비극적인 불행에 당신은 스스로의 감정을 통제할 수 있을까요? 그러나 그 사고에 대한, 그리고 가까운 사람의 죽음에 대한 당신의 반응은 통제할 수가 있을 것입니다. 그 불행이 당신에게 미치는 영향은 어떤 것일까요? 아마 그 불행으로 말미암아 무엇인가 변화를 받을 것입니다. 말하자면 더 좋은 반응이나 또는 더 나쁜 반응을 갖게 될 것입니다. 당신은 이들 두 가지 반응 가운데 어느 하나를 선택해야만 합니다. 이 때 적극적인 반응을 보이십시오. 바로 두뇌를 이용하십시오. 현재에 처한 상황을 최대한으로 활용하십시오. 부딪친 일에 대해 적극적으로 도전하십시오. 슬픔과 비관만을 극대화시키지 말고 그 파괴적인 효과로부터 당신 자신을 보호하십시오. 그 슬픔이나 비관이 오히려 기대감을 자극시키는 촉진제가 되도록 하십시오."

당신은 당신 자신에 대해 생각해 보라. 지금의 당신은 누구인가? 당신은 적극적인 사고를 가진 사람이다. 적극적인 사고의 게임 법은 바로 이것이다.

"적극적인 사고를 가진 사람은 결코 어떠한 것도 포기하지 않는다."

적극적인 사고를 가진 사람은 결코 단념하지 않는다. 오직 진행하는 방법을 조절할 뿐이다. 때에 따라서 시간표를 수정할는지도 모른다. 또한 세운 계획의 규모를 줄일는지도 모른다. 그는 그가 가진 자산을 재조정할는지도 모른다. 또한 경우에 따라서 배의 돛을 조절할 수도 있을 것이다. 그러나 결코 단념하지 않는다. 때에 따라서 계획을 다시 세우고, 다시 수정하고 지금까지의 진행에 대해 후회할는지는 몰라도 결코 단념하지는 않는다.

'지금은 기다리는 때이다' 라고 생각하라. 모든 일이 이루어짐은 참고 견디는 사람에게서 비롯된다.

9. 당신은 적극적인 감정을 더욱 승화시켜라. 정열적인 자세는 적극적인 감정에 의해서 새로워진다. 당신의 소극적 감정이 정신을 지배하게 내버려 둔다면 결국 낙망과 신의와 분노와 좌절에 얽매인 비관론자가 될 것이다. 당신의 개성이 보다 적극적인 교정에 의해서 나타나게 하라. 그러면 정열적인 힘을 과시할 수 있게 될 것이다. 그리고 스스로 우주의 흐름과 조화되어 가고 있음을 느낄 것이다. 당신의 마음속에 소극적인 생각이 침입하는 것을 결코 허용하지 말라. 만약에 마음 가운데로 소극적인 생각이 스며드는 것을 허용하게 된다면 마침내 불화와 부조화의 또 다른 감정인 소극적인 진동의 충격을 받을 것이다. 따라서 우주의 리듬에 발맞추어 계속 전진하라.

당신은 적극적인 감정을 계속 유지하고 싶은가? 그렇다면 적극적인 감정과 소극적인 감정과의 차이점을 깨달을 때까지 계속 판단력 있는 감수성을 개발시켜라. 여기 당신에게 도움을 줄 수 있는 표가 있다. 모든 질병에 대한 치료 방법을 부여하기 위해 신께서는 인간에게 감정적인 구조를 설계하셨다. 질병에 대한 모든 치료 방법은 바로 우리가 소극적인 모든 것을 물리치기 위해 선택하는 적극적인 감정인 것이다.

적극적인 자극으로 자신을 유도하라

당신은 자신의 자극을 선택하여 다음과 같은 일을 시도하라.

1. 지금까지 읽은 것을 살펴보라. 그것은 적극적인 감정을 자극시켰는가, 아니면 소극적인 감정을 자극시켰는가?
2. 당신이 받은 강의와 텔레비전 프로그램, 오락 등은 어떠하였는가? 그것은 적극적인 자극이 되었는가, 아니면 소극적인 자극이 되었는가?
3. 당신의 친구들은 어떠한 영향을 미쳤는가?
4. 당신의 종교는 어떠한가? 그것이 어떠한 자극을 주었는가?
5. 당신이 나눈 대화를 생각해 보라. 언어는 우리에게 적극적이거나 아니면 소극적인 진동을 가져온다. 당신은 적극적인 대화를 하였는가, 아니면 소극적인 대화를 하였는가?

색채나 어휘, 건축, 예술, 음악, 기대감 등은 우리에게 적극적이거나 또는 소극적인 감정을 자극하는 진동을 보낸다는 사실에 관하여 많은 것을 배웠다. 붉은색은 흥분을 나타내고 초록색은 평온함을 나타낸다. 또한 선인장과 같은 식물은 낭만적인 도시의 풍경을 해치는 것으로 간주된다. 소나무와 버드나무는 도회인의 감정을 자극시키는 효과가 약하다. 어떤 건물은 미관상으로 아름다우나 어떤 건물은 눈을 피로하게 하고 부담감을 준다.

당신의 언어는 어떠한가? 당신이 사용하고 있는 어휘는 유리함을 주고 있는가, 아니면 불리함을 주고 있는가? 당신의 언어는 매일 적극적이거나 소극적인 감정을 안겨 줄 것이다. 이것은 매우 중요한 사실이다.

당신은 적극적인 사고와 감정적인 자세에 있어서 마음속의 조화를 유지하고 싶은가? 그렇다면 다음의 원리를 익혀라.

"소극적인 감정을 결코 말로 표현하지 말라."

당신이 만약 소극적인 감정의 공격을 받고 있다고 느낀다면 그것을 어떻게 처리하겠는가? 당신은 결코 "나는 피곤하다" "나는 화가 난다" "나는 다칠 것이다"라고 말하지 말라. 그렇게 말하는 것은 소극적인 사고를 한결 두텁게 하는 결과를 가져올 뿐이다. 혹시 당신은 지금 이 소극적인 세력에 당신의 뜻이 짓눌려 체념 상태에 있지는 않는가? 소극적인 자세보다 더 파괴적인 요소는 없다. 반대로 적극적인 사고는 소극적인 감정이 나타나는 것을 막아 준다. 잡초를 무력하게 하는 가장 유일한 방법은 목초를 강하게 가꾸는 일이다. 마찬가지로 소극적인 감정에 대항하라.

그러면 적극적인 사고를 어떻게 강화시킬 수 있는가? 이는 적극적인 사고를 강화시킬 수 있는 말을 사용하는데 있다. 그리고 자기 자신이 사용한 말을 확신하는 데 있다. 예를 들어, 당신이 만약 담배를 끊지 못해 미안한 생각을 가지고 있다고 하자. 이때 "나는 담배를 끊을 수 있었으면 좋겠는데"라고 소극적으로 말하지 말라. 만약 그렇게 말한다면 결국 소극적인 악의 힘에 억눌리고 지배당하게 된다. 오히려 적극적으로 말한다면 담배를 끊을 수 있을 것이다. 그러므로 다음과 같이 말하라.

"나는 담배를 즐겨하지 않는다. 그러므로 지금 당장 끊을 수 있다. 그리고 나는 과거의 억압된 습관에서 벗어나려고 하는 감정을 좋아한다!"

이렇듯 당신은 자신의 적극적인 자화상을 더욱 강화할 필요가 있다. 그리고 적극적인 확신감을 이용하여 행동해 나가야 할 것이다.

배 짱 있 게
살아갈 용기

당신은 어떤 사람인가

새로운 출발을 시도함에 있어
맨 먼저 해야 함은 당신 자신 속에 도사리고 있는
망설임을 없애는 일이다.
당신은 분명 당신이 원하는 사람이 될 수 있다.
지금 바로 일을 시작하라.

당신은 어떤 사람인가

이제 당신은 자신을 이기는 방법을 알았고, 원대한 목표를 세웠고, 적극적인 사고의 방법을 터득했고, 그리고 실패의 두려움을 제거하였다. 그러면 지금 어떤 일을 시작하는데 있어 망설이게 하는 것은 무엇인가?

당신은 아마도 새로이 망설임에 부딪치게 될 것이다. 당신에게 있어서 가장 큰 적은 망설임이다. 망설임은 많은 기회를 오로지 헛된 공상으로 끝나게 한다. 오랫동안 망설이다가 기회를 놓치고 나중에 후회해 보았자 아무 소용이 없다.

독일의 시인 괴테는 이렇게 말했다.

"만약에 오늘을 헛되게 보낸다면 내일도 또 다음 날도 일정한 계획이 없이 헛되게 보내게 될 것이다. 어떤 일에 대한 결정을 내리지 못하면 그것은 자연히 미루어지게 되고 시간이 지남에 따라 점점 후회하게 될 것이다. 어떤 일을 행동으로 옮기는 것, 거기에는 커다란 용기가 필요하다. 당신이 계획한 일은 어떠한 것이나 다 할 수 있다고 생각하고 과감히 시작하라. 망설임에서 벗어나 일단 시작만 하면 그것을 향한 당신의 마음이 불붙게 될 것이다. 그러므로 시작하라. 그러면 장차 끝을 보게 될 것이다."

지금 당신을 망설이게 하는 것은 무엇인가?

1. 게으름 때문인가?

그렇다면 우리의 타성에 의한 대표적인 게으름의 예를 몇 가지 들어 보자.

"이제 나는 나이가 너무 많아."

만약에 77세의 노인이라면 이제 나이가 너무 많아서 어떤 새로운 생활을 시작할 수가 없는 것일까?

당신이 나이라는 변명의 요소에 얽매이는 소극적인 태도를 가진 사람이라면 77세의 나이로 새 출발하는 것은 너무 늦다고 생각할 것이다. 그러나 당신이 보다 적극적인 사람이라면 앞으로 남은 생애에 10년을 더하여 적어도 그만큼의 세월이 더 있다고 생각할 것이다.

1972년 프리다 슐츠 여사는 87세였다. 그녀는 10년 전에 동베를린으로부터 탈출을 시도하여 성공한 것이다. 10년 전, 77세의 나이로 그녀는 새로운 생활에 대한 계획을 실행에 옮기는 용기를 지녔던 것이다.

"나는 그때 그 일을 생각하면 지금도 소름이 끼쳐요."

슐츠 여사는 당시의 일을 회상하면서 말했다.

"나는 내가 한 일을 가치 있게 생각해요…… 한 마디로 나는 그들의 정치에 견딜 수가 없었어요."

슐츠 여사의 탈출사건은 1962년 전 세계의 신문에 대서특필되었다.

1961년 8월 13일의 일이었다. 동독의 공산주의자들은 베를린으로 가는 통로를 막기 위해 벽을 쌓기 시작했다. 그때 슐츠 여사는 베를린의 웨딩가에 위치한 베르나우어스트라세의 경계선 부근에 있는 한 아파트의 1층에 살고 있었다. 웨딩가의 길은 서베를린에 속해 있었지만 그녀가 살고 있는 아파트는 동베를린에 속해 있었다.

동독의 경관들과 군인들이 벽을 쌓기 위해 철조망을 헐고 있을 때였다. 베르나우어스트라세의 동쪽 부근에 살고 있던 수백 명의 사람들이 그들의 물건을 창문 밖으로 던진 후 모두 도피했다. 그 당시 그 거리는 사실 세계에서도 가장 비극적인 곳으로 알려지고 있었다. 동독 공산주의자들은 새로운 탈출자를 막기 위해서 아파트 1층 창문을 모두 벽돌로 봉쇄해 버리고 미처 도피하지 못한 주민들은 도피한 사람들이 살았던 위층으로 옮겨 살게 하였다.

그때의 상황을 슐츠 여사는 다음과 같이 말하고 있다.

"그들의 강요에 의하여 내가 아파트의 상층으로 옮겼을 때 나는 마치 아무런 쓸모없는 사람처럼 느껴졌습니다. 나는 전등도 없는 아파트에서 살았지만 그러나 불빛이 필요하진 않았습니다. 왜냐하면 창밖에는 수많은 써치라이트가 대낮처럼 불빛을 내뿜고 있었기 때문입니다. 그 불빛은 소름끼칠 만큼 두려웠고 그래서 나는 늘 방 안에만 앉아 있었습니다. 그러나 새로운 탈출자를 향해서 무자비하게 쏘아대는 총소리와 호루라기 소리, 싸이렌 소리와 서베를린에 사는 사람들이 동베를린 탈출자들에게 용기를 주는 고함소리와 동독 경비원들의 악독함을 비난하는 사람들의 고함소리 등에 잠을 제대로 잘 수가 없었어요. 나는 마침내 더 이상 견딜 수가 없었습니다. 그래서 결국 탈출을 결심했습니다. 9월 23일 나는 가장 큰 등의자에 밧줄을 매달고는 거기에 앉아서 탈출하기로 계획을 세웠어요. 나는 밤을 새워 계획을 짜고는 그 다음 날 그 계획을 준비하였습니다…… 나는 마지막으로 목욕을 하고 방을 청소했습니다. 마지막 집을 떠나면서 깨끗하게 해두고 싶었기 때문이지요."

머리가 하얗게 센 노파는 지난날을 회상하면서 눈시울을 적시었다.

슐츠 여사의 탈출광경은 보도사진을 통해 전 세계에 소개되었다. 창문을 타고 내려가고 있는 그녀를 서베를린 경찰관이 발견했다. 곧 그녀의 아래 쪽 15피트 지상에 그물망이 설치되었다. 그때 그녀의 팔에는 고양이가 안겨 있었다. 그녀는 그때를 이렇게 술회했다.

"그때 사람들은 '할머니, 뛰어 내리세요'라고 외쳐대기 시작했어요. 나는 바로 그 소리가 VOPO(공산주의 경비원)를 잠에서 깨웠으리라고 생각했습니다. 잠시 후 동독경비원들이 아파트 문을 부수는 소리가 들려 왔어요. 곧이어서 두 명의 경비원이 창문으로 와서 나를 다시 끌어올리려고 했습니다."

길거리에서 이를 지켜보고 있던 서베를린 사람들은 그녀가 어려움에 처한 것을 보았다. 서베를린의 한 젊은이가 1층의 창문으로 기어 올라갔다. 그는 동독 경비원에 의해 다시 위로 올라가는 슐츠 여사의 다리를 잡고 다시 아래로 끌어내리기 시작했다. 그녀의 한 팔은 동독 경비병이 끌어올리는 밧줄을 잡고 있었고 또 다른 한 쪽은 고양이를 안고 있었다.

"나는 그 순간에 고양이를 그물 위로 던지고는 뛰어 내렸어요."

그때 그 광경을 지켜 본 수많은 사람들이 슐츠 여사의 용기 있는 탈출을 찬양했다. 그녀는 약간의 상처를 입었을 뿐 무사했다.

그러면 게으름의 타성에 젖은 또 다른 핑계를 보자.

종차별 때문에 어려움을 겪고 있다

사실 전 세계 각국에서 인종차별로 인해 희생을 당하고 있는 사람은 많다. 하지만 당신은 인종차별주의가 존재하고 있는 나라에서 인종차별의 벽을 허물고 그들의 불리한 입장을 극복하여 성공의 길로 나선 위대한 사람들을 알고 있을 것이다. 만약 당신의 사회에 그러한 상황이 도사리고 있다 하더라도 결코 그것을 게으름의 핑계로 삼지 말라. 오히려 그것을 도전할 수 있는 발전적인 기회로 생각하라.

공부를 하지 못했기 때문이다

당신의 시작을 멈추게 하고 당신의 생활이 게으름의 타성에 젖어들게 하는 구실이 바로 '교육'이라면 명심해야 한다. 당신은 야간학교에 다니면서 고등학교와 대학의 과정을 이수할 수가 있다. 교육을 받지 못했다는 것은 당신의 발전을 저해하는 진정한 구실이 결코 될 수가 없다.

돈이 없기 때문이다

당신에게 만약 돈이 없다면 지금 당장 뛰어나가서 그 돈을 벌어 모으든지 아니면 남에게 빌려라. 뜻이 있는 곳에 분명히 길은 있다. 작은 일부터 시작하여 차츰차츰 돈을 모으라. 그러면 당신은 두드리는 문을 분명히 열린다는 사실을 알고 놀라게 될 것이다. '당신은 구하지 않기 때문에 얻지 못한다'는 사실을 성서는 분명히 밝히고 있다.

당신은 당신에게 좋은 아이디어를 제공해 줄 수 있는 능력 있는 사람을 찾아보았는가? 또한 돈을 얻기에는 너무 어려운 처지에 있다고 해서 망설이고 있지는 않는가? 그러면 가까운 친구를 통해 돈을 빌리도록 부탁하라. 현재 당신이 빌린 돈보다도 더 많은 이자를 주면 돈의 융통이 가능한가를 물어 보라.

그리하여 현재의 상황을 올바로 판단하여 담대하게 행동하라.

2. 충격 때문인가?

당신이 지금 망설이고 있는 이유가 바로 당신이 당한 충격 때문인가? 당신은 혹시 지나간 과거의 상처나 패배나 후회 속에 얽매여 스스로 망설이고 있지는 않는가?

- 나는 결코 결혼하지 않겠다.
- 나는 결코 아무도 믿지 않겠다.

- 나는 결코 신을 긍정하지 않겠다.
- 나는 결코 사업을 하지 않겠다.
- 나는 결코 다시 하지 않겠다.

만약에 당신이 이와 같은 생각을 가지고 있다면, 과거의 불행했던 사실들에 대해 지배를 당하는 꼴이 된다.

결코 좋지 못한 과거가 당신의 생활을 지배하게 하지 말라.

나의 친구인 돈 허버트 씨는 한때 번민에 휩싸였다. 그의 아버지가 돌아가셨을 때 나는 그에게 진심으로 조의를 표했다. 그때 그는 이렇게 말했다.

"지금부터 우리는 앞을 바라보기로 했습니다. 백미러를 들여다보아서는 더 멀리 볼 수가 없기 때문입니다."

영국의 유명한 사학자인 토마스 카알라일은 수천 페이지에 달하는 『프랑스 혁명사』의 원고를 탈고한 후 그것을 이웃에 사는 존 스튜어트 밀에게 읽어보라고 주었다. 그런데 며칠이 지난 후 창백한 얼굴의 밀이 카알라일을 찾아왔다. 스튜어트 밀의 하녀가 그 원고를 난로 불을 지피기 위한 데다 써 버렸음을 알자 카알라일은 제 정신이 아니었다. 2년 동안이나 심혈을 기울였던 그 결과가 그만 수포로 돌아가 버린 것이었다. 그는 다시 쓸 용기가 생기지 않았다.

그러던 어느 날이었다. 그는 한 석공이 작은 벽돌을 하나하나 쌓아서 높고 긴 벽을 만드는 것을 보게 되었다. 그것을 보는 순간 그의 마음에는 새로운 용기가 솟아났다. 그는 다시 시작하기로 결심했다.

"나는 오늘 꼭 한 페이지만 쓸 것이다. 예전에도 한 페이지부터 시작하지 않았던가!"

그는 그 즉시 한 페이지부터 다시 써나가기 위해 그의 작업을 시작했다.

3. 경쟁자들 때문인가?

당신의 경쟁자들이 당신의 시작을 망설이게 하는 방해물이 되고 있다고 생각하는가? 당신의 경쟁은 점점 더 심해지고 있는가? 당신의 사업 경쟁자들이 당신을 망설이게 하고 있는가? 만약 그렇다면 당신이 직면한 문제의 열쇠는 당신의 적극적인 자세에 달려 있다.

4. 현재의 위치에 만족하기 때문인가?

당신은 혹시 현재의 성공에 만족한 나머지 머뭇거리고 있지는 않는가? 당신은 큰 업적과 승리와 성취감을 얻었음으로 이제는 그러한 현재에 싫증이 나서 은퇴를 결정하고 있는가? 당신은 과거의 상장과 트로피와 상품을 보고 그 영광에 도취되어 있지는 않는가?

한 세일즈맨은 이렇게 고백했다.

"나는 회사에서 가장 많은 보수를 받으면서부터 줄곧 내리막길을 걸어오고 있다. 나는 지금까지는 상사들에게 잘 보이기 위해 심혈을 기울였지만 이제 그러한 것에는 관심이 없게 되었기 때문이다."

당신이 만약 자기만족에 사로잡혀 있다면 현재의 이 도취감은 어떻게 극복하려 하는가? 보다 나은 발전을 당신에게 주시는 신에게 감사하라. 그리고 이 말씀을 기억하라.

"형제들아, 나는 아직 네가 잡을 줄로 여기지 아니하고 오직 한 일, 즉 뒤에 있는 것은 잊어버리고 앞에 있는 것을 잡으려고 푯대를 향하여 그리스도 예수 안에서 하나님이 위에서 부르신 이름의 상을 위해 좇아가노라."(빌 3:13〜14)

안일한 생각은 언제나 당신을 퇴보하게 하고 병들게 한다는 사실을 기억하라. 당신이 육체의 단련을 멈출 때 당신의 강한 근육은 힘을 잃게 될 것이다. 따라서 당신은 잠재된 능력을 활용하라. 그렇지 않으면 당신의 두뇌는 마침내 녹이 슬고 말 것이다. '멈춤'에서 오는 병을 피하라. 당신이 만약 인생이라는 자전거를 계속 타고 싶다면 멈추지 않고 계속하여 페달을 밟아야 한다. 그렇지 않으면 곧 넘어지고 말 것이다.

사고로 부상을 크게 당한 한 친구가 좌절에 빠져 모든 것을 체념하기 시작했다. 그는 목발을 짚고 겨우 걸을 수 있는 힘을 얻었을 때 그 물리요법의 고통을 참는데 진력이 났다. 그때 그의 건강을 맡고 있는 의사가 그에게 경고했다.

"당신이 만일 병의 완치를 위해 계속 노력하지 않고 중단한다면 현재의 회복된 상태까지도 잃게 될 것이다."

이 말에 충격을 받은 그는 아픔을 참고 노력한 결과 회복을 되찾았다. 의사가 그에게 한 말은 생의 근본적인 원리였던 것이다. 명심해야 할 일은 수고함이 없이는 결코 거둘 수 없다는 사실이다.

당신은 어느 종류에 속하는가?

어떤 일을 생각하고 해결하는 데 있어 네 가지 유형의 사람이 있다. 이것을 판단하는데 정직하게 자신의 인간상을 염두에 두면서 다음 유형에 대해 생각하여 보자.

1. 무조건 안 된다고 하는 사람
이런 성격의 소유자는 결코 시작도 않는다. 그들의 실패는 자명한 일이며 성공하지 못함은 지극히 당연한 일이다. 그들은 언제나 변명하는 데에만 급급하다.

2. 미지근한 사람
이런 사람들은 마음이 자주 변하고 감정의 기복이 심한 사람들이다.

3. 큰소리만 치는 사람
이런 자들은 대부분 큰 포부와 꿈을 가지고 있고 또 큰 소리도 치지만 정작 어떤 일을 힘차게 밀고 나갈 때에는 망설인다.

4. 계속 전진하는 사람
이런 유형의 사람들은 큰 생각을 가지고 자신 있게 말하고 또한 대범하게 행동한다. 이런 사람들은 군중들이 원하는 일이라면 자신의 위험을 무릅쓰고 행동한다. 그들은 거친 파도에 굽히지 않고 계속 목표만을 향해 나아간다. 그들은 결코 '거짓말쟁이'나 '허풍쟁이'로 불리지 않는다.

망설임을 없애는 비결

새로운 출발을 시도하기 위해 제일 먼저 해야 할 일은 당신 자신 가운데 도사리고 있는 '망설임'을 없애는 일이다. 다음과 같은 자극을 이용하여 망설임을 없애고 스스로 향상하도록 노력하면 좋을 것이다.

무엇보다도 중요한 것은 지체하지 말고 과감히 시작한다.

1. 당신이 어떤 일을 시작하는데 필요한 대가와 그 시작을 소홀히 하는데 대한 손실을 비교해 보라. 만약 계획이 성취되었을 경우, 당신과 주위 사람들에게 주어질 가치성과 이익, 그리고 보상을 생각해 보라. 또한 당신이 시작을 망설임으로 인하여 겪게 될 손실도 생각해 보라.

그랜드마 핀레이 여사는 84세이다. 태평양을 순항하는 배 위에서 그녀를 만났다. 그녀는 많은 사람들에 둘러싸인 채 신문기자의 질문에 대답하고 있었다.

"핀레이 여사님께서는 고령이신데도 여행을 다니시는데 이번 순항을 마지막이라고 생각하십니까?"

"천만에요. 그렇지 않아요! 나는 기회를 결코 놓칠 수 없다는 것을 나의 좌우명으로 삼고 있어요."

그녀는 자신에 찬 어조로 말을 계속했다.

"내가 죽을 때 돈을 가지고 갈 수는 없을 거예요. 이번 순항이 끝나면 또 더 많은 재산을 팔아서 또 다른 여행을 위한 표를 살 작정입니다."

"하지만, 너무 연로하셔서 불편하시진 않은지요?"

스물 네 살의 젊은 기자가 그녀에게 질문을 했다. 그러자 그녀는 다음과 같이 대답했다.

"물론 어려움도 많지요. 그러나 어려움은 누구에게나, 조그만 어린 아이들에 이르기까지 다 있기 마련 아니에요? 그래서 나는 그런 점은 전혀 걱정하지 않아요. 여행 중에 함께 동행하는 사람들은 서로에게 아주 큰 도움이 돼요. 지난 어느 땐가 나는 라플랜드 해변에서 수집하기 위한 인형을 하나 사고 있었어요. 그때 누군가가 옆에서 러시아 국경이 가까왔다고 얘기했어요. 나는 러시아를 구경하기 위해 앞쪽으로 나갔습니다. 잠시 후 다시 부두로 돌아왔을 때 내가 타야 할 배는 밀려나서 바다 쪽으로 움직이고 있었어요. 나는 무척 당황했어요. 그때 내가 미처 생각할 틈도 없이 어떤 건장한 두 명의 어부들이 나를 부축하여 문 쪽으로 던졌어요. 만약 그들이 나를 도와주지 않았더라면 나는 다시 배를 탈 수가 없었을 것입니다."

2. 긴박감을 가져라. 긴박감이야말로 당신을 바로 게으름의 타성에서 벗어나게 해주는 원동력이 될 것이다.

한때 로스앤젤레스 킹스 팀의 코치이며 내쇼널 하키 연맹의 코치인 렐리 리건 씨는 팀의 승리에 대하여 다음과 같이 설명했다.

"결정적인 순간에서 박진감과 긴박감을 가지고 경기를 하는 선수들에게는 그 누구도 당해 낼 수가 없습니다."

달력을 보라. 이제 당신은 더 이상 젊어지지 않는다. 어쩌면 당신의 내일은 오늘보다 더 건강한 상태에 있지 못할지도 모른다. 앞으로 1년 쯤 후에 당신은 지금 시작하지 못한 것을 후회하게 될지도 모른다. 시간은 자꾸만 흐르고 있지 않은가? 또한 당신은 계속 지나가고 있지 않는가? 만약 무엇인가를 시작하지 않고 1주일 또는 1개월 또는 1년을 더 기다린다고 해서 오늘보다 더 나아진다고 할 수 있을까?

긴장과 긴박감을 가지고 계속 밀고 나아가라! 세월은 자꾸만 흐르고 있다. 시험의 때는 점점 다가오고 있다. 앞서고 뒤짐이 가려질 때가 점점 가까워지고 있다. 당신도 이제 나이가 들면 하고 싶어도 더 할 수가 없다. 당신에 대한 평가가 곧 내려질 것이다. 당신의 상사가 당신에게 보고를 요구할 것이다. 다음 달에 당신은 지금보다 더 큰 일에 부딪쳐야 할 것이다.

평범한 사람들은 항상 다른 사람의 지배에서 오는 압박감 속에서 활동을 한다. 그러나 비범한 사람들은 그들 스스로가 긴장감과 급박감을 가지고 활동한다. 따라서 비범한 사람들은 정해진 기한까지는 목표가 달성되리라는 마음의 약속을 한다. 그리고 그들 자신의 꿈이 실현하리라는 것을 널리 알린다. 그들은 오로지 전진뿐이라는 자세로 일에 전념한다. 그런데 당신이 여기서 주의해야 될 점이 한 가지 있다. 그것은 계획을 시작하는 초기의 단계에 있어서는 계획을 믿을 수 있는 가까운 친구나 적극적인 사고를 가진 사람들에게만 알려라. 소극적인 사고를 가지고 부정적으로 움직이는 사람은 경계하라. 소극적인 사고를 가진 사람들에 의해 저해되지 않도록 유의하라. 갓난아기는 새로운 환경에 적응될 때까지는 결코 보호해야 한다.

3. 계획표를 작성하라. 그리고 그것을 달력에 메모하라. 이렇게 함으로써만이 미래를 분명히 할 수 있다. 당신이 미래에 대한 계획을 세울 만한 시간적인 여유를 만들 수 있다면 반드시 성공할 것이다. 그러나 미래에 대한 대강의 계획도 세우지 않는다면 분명히 실패하고 말 것이다. 달력에다 미래에 대한 계획을 메모해 두지 않는다면 당신의 미래는 아무런 기대도 할 수 없을 것이다.

이제 꿈을 현실로 옮기는 작업을 하라. 달력에 계획을 시작하는 날짜와 끝마칠 날을 메모하고 문제를 해결하는 과정의 계획과 목표가 달성되었을 경우 축하할 날까지도 기록해 두라. 그리고 이 날을 당신의 생일이나 신년 혹은 성탄절과 같은 행복한 분위기 속의 특별한 날로 정하라. 그날은 반드시 당시 자신을 위한 축하 파티를 열게 하리라고 스스로 다짐하라. 새 옷도 입고 평소에 가고 싶었던 곳을 여행하며 또 훌륭한 음식점에서 가까운 사람들과 함께 회식시간을 갖는 것도 좋다. 이제 당신은 스스로에게 다음과 같이 다짐하라!

"나는 꼭 해야 할 큰일이 있다. 나는 그 일을 결코 망설여서도, 또 중단해서도 안 된다."

어떠한 일의 가장 힘든 부분은 바로 '시작'이다.

4. 당신의 계획에 대한 기초를 튼튼히 하라. 천천히, 굳게 지속적으로

진행하라. 그리스도는 '당신의 마음에 믿음만 가진다면 무슨 일이든지 성공할 수 있습니다'라고 말씀하셨다. 그러나 그는 당신이 모든 일을 한꺼번에 할 수 있다고는 하시지 않았다.

당신은 이제 적은 것부터 시작한다는 것을 잊지 말라. 계획은 되도록 굳고 강하게 세워라. 그리하여 성장에 더욱 박차를 가하라. 이것은 바로 피라밋이 세워진 방법이다. 기초를 굳게 다지는 원리를 무시하면 계획은 목표에 도달하기 전에 곧 무너지고 말 것이다.

5. 당신의 시도를 위해 계기에 대한 정도를 높여라.

나는 한때 사다리를 오르다가 떨어져서 그만 병원에 입원한 적이 있었다. 그 후 건강이 완전히 회복되자 사고가 나기 전의 습관이었던 매일 2마일씩 걷는 일을 게을리 하였다. 한번 중단했던 일을 다시 시작한다는 것은 상상할 수 없을 만큼 어려웠다. 그래서 혼자서 다짐했다.

"만약 내가 다시 걷는다면 나의 마음도 걷기 전보다 몇 배 튼튼하게 되리라."

그러나 시작되지가 않았다. 그래서 나는 다시 생각했다.

"내가 매일 걷는다면 매우 건강한 모습을 갖게 되고 또한 배도 나오지 않고 날씬해질 것이다."

하지만 역시 행동으로 옮겨지지가 않았다. 그래서 나는 또 만약에 날마다 2마일씩만 걷는다면 아주 오랫동안 건강하게 지낼 수 있을 것이라고 생각해 보았다. 그리고 96세까지 건강하게 사셨던 할아버지를 생각했다. 할아버지는 매일 많은 걸음을 걸었었다. 하지만 나는 역시 매일 걷는 습관이 다시 몸에 배이지가 않았다. 나는 시작에 대한 계기의 정도를 조금 더 높여야겠다고 생각했다. 그래서 다음과 같이 생각했다.

"만약에 내가 매일 2마일씩 걷는 일을 계속한다면 평생 동안을 젊은이의 몸과 마음을 유지하게 될 것이다."

이 사고의 계기에 의해서 나는 옛날처럼 걷는 일을 다시 시작하게 되었다. 걸어야겠다는 마지막 결정이 하나의 계기(자극)를 통해 지배하는 의식의 단계로 옮겨지게 된 것이다. 그리하여 나는 의식의 자극을 받게 된 것이다. 당신도 목적하는 일의 시작을 위한 계기의 정도를 되도록 높이 하라. 그러면 당신의 의식으로 하여금 시작을 촉진시킬 수 있게 할 것이다.

6. 도움을 구하라. 어려울 때는 도움을 청해야 한다.

나는 매일 2마일씩 걷기로 작정한 후 이틀도 못되어 걷고 싶다는 생각이 가셔 버렸다. 그래서 아들에게 함께 걷기를 요구했다. 나의 요구에 아들은 기꺼이 승낙했다. 아들은 바로 내가 필요로 했던 후원자였던 것이다. 당신도 혼자서 극복하기가 어렵거든 누구에겐가 시작을 도와 달라고 구원하라. 당신에게 보다 적극적인 자극을 줄 수 있도록 친구에게나 또는 주위의 아는 사람들에게도 도움을 청하라.

7. 정신력으로 극복하라.

결코 당신이 하고 싶어질 때까지 기다리지 말라. 당신이 스스로 적극적인 태도를 가지지 않는 이상 당신은 결코 계획을 시도하고 싶은 생각이 우러나지 않을 것이다. 유능한 작가는 결코 그들의 작품에 대한 영감(靈感)을 가만히 앉아서 기다리지 않는다. 그들은 굳은 정신력을 이용하여 스스로 영감을 얻도록 노력한다. 그렇게 하여 새로운 아이디어를 떠올린다.

당신의 두뇌를 사용하라. 당신의 마음은 반드시 당신의 두뇌에 따라 움직이게 될 것이다.

영감(靈感)이란 무의식의 상태에서 그저 주어지는 것이 아니다. 땀을 흘리며 필사적인 노력을 경주하는 가운데서 영감은 자연스럽게 나타난다. 나는 원고를 쓸 때에는 늘 타자기 앞에 앉아 한 장의 종이를 타자기 속으로 밀어 넣는다. 그리고 나서 맨 먼저 제목부터 친다. 물론 그 제목은 원고가 다 써질 때까지, 혹은 책이 다 되어 나올 때까지 여러 번 변경되어질 수 있지만 나는 어느 한 제목부터 선정한 후에 다음 부분을 써내려 간다. 제목을 먼저 쓴 다음에는 '로버트 H. 슐러 씀'이라고 쓴다. 또 다른 종이 한 장에는 '로버트 H. 슐러의 다른 작품들'이라고 쓴 후 그 작품을 하나하나 써내려 간다. 이러한 작업은 예전에도 내가 많은 원고들을 써왔다는 것을 내 스스로 믿게 하고 또한 새로운 작업을 시작하는데 대한 새로운 계기를 가져다준다. 그 다음에 '지은이의 말'을 타자로 친 다음 이미 만들어진 페이지를 루스리프식의

바인더에 끼워 놓고 나서 본문을 쓰는 작업의 단계로 들어간다. 나는 그 일을 지금도 의욕적으로 계속하고 있다.

8. 당신은 시작을 어떠한 문제에 대한 해답을 찾을 때까지 지체하지 말라. 큰 뜻을 성취한 사람은 순간적으로 지나치는 계획을 찾아 망설임 없이 결정하고 그것을 곧바로 실행에 옮긴다. 느리게 움직이는 사람들은 결코 많은 것을 얻을 수가 없다. 그들은 문제에 대한 열쇠를 찾을 수 있다는 확신을 가질는지는 모르지만 이미 그때는 주어진 기회가 그들로부터 미련 없이 떠나고 만다. 그러나 어떤 사람은 재빠르게 그 기회를 붙잡는다. 기회란 결코 안일하게 기다리는 사람을 위해서 멈추어 주지 않는다. 따라서 지금 곧바로 계획을 시도하라. 일단 시작한 후에 당신에게 부딪쳐오는 문제를 해결하도록 하라. 만약 스스로 해결할 수 없는 어려움 속에 빠져 있다면 어떻게 해야 하겠는가? 탐구하고 전진하는 자세로 그 해결책을 찾아내야 할 것이다.

그 좋은 뜻을 가지고 있으면 길은 반드시 당신을 위해 트이게 마련이다.

가든 그로브 커뮤니티 뜰에는 호두나무가 여러 그루 서 있다. 캘리포니아의 까마귀들은 특히 호두를 좋아한다. 그런데 까마귀들은 호두를 까먹을까? 당신이 만약 까마귀라면 그것을 어떻게 까먹겠는가?

까마귀들은 호두를 까먹는 한 가지 방법을 생각해 냈다. 호두를 입에다가 물고 하늘로 높이 날아 올라가서는 그것을 단단한 땅 위에 떨어뜨린다. 그 다음 쏜살같이 아래로 내려와서는 깨어진 호두알을 쪼아 먹는다. 이처럼 까마귀의 두뇌가 그들의 문제에 대한 해결을 분명히 찾을 수 있다.

9. 당신에게 적극적인 자극이 주어질 때는 주저하지 말고 거기에 따르라.

적극적인 행동에 대한 자극에 적극적으로 도전해야 하는 것처럼 소극적인 생각에도 적극적인 사고로 즉시 도전하라. 그리하여 계획을 적극적으로 밀고 나가라.

나는 몇 년 전 마드리에서 개최된 세계 정신의학회에 참석했었다. 당시 나는 스페인 역사를 공부하고 있었다. 그래서 최근의 사건들에 관한 여러 가지 면에 호기심을 갖고 있었다. 그때 이렇게 생각했다.

"만약 프란시스코를 만날 수 있는 기회가 주어진다면 그에게 직접 세 가지의 질문을 하리라."

그것은 좋은 생각이었지만, 비현실적인 것처럼 느껴졌다. 하지만 '노력하면 해결된다'는 말을 상기시키고 그것을 실행하기로 마음먹었다. 나에게 주어지고 있는 적극적인 자극에 따라 사무실에 전화로 도움을 청했다. 내가 전화하게 된 것을 계기로 나 이외에도 많은 사람들이 프랑코를 만나려는 중요한 계획에 참여했다. 그래서 비교적 일은 쉬워지고 있었다.

그런데 도움을 청한 나의 사무실과 내 지역의 국회의원에게서 대답해 온 편지는 나에게 약간의 실망감을 안겨 주었다.

"슐러 박사님, 박사님의 계획은 불가능합니다. 사람들의 얘기를 들으면 프랑코는 신교의 목사와 인터뷰하는 것을 한 번도 승낙한 적이 없다고 합니다. 그러나 만약 박사님이 목사라는 것을 속이고 단순히 원고를 쓰는 저술가(著述家)로서 만나시기를 원한다면 아마 가능할는지도 모릅니다."

이러한 편지 내용에 곧바로 다음과 같은 답장을 띄웠다.

"나는 내가 종교가가 아니라고 속일 수는 없습니다. 그러니 다른 방법을 알아봐 주십시오."

나는 암스테르담을 향해 출발했다. 파리에 도착할 때까지도 계획이 별로 진전된 것 같지 않아 약간 초조해졌다. 그러나 파리에서 나를 기다리고 있는 전보를 받아 쥐었을 때는 새로운 희망으로 가슴이 부풀었다. 전보에는 다음과 같이 기록되어 있었다.

"프란시스코 프랑코 총통은 8월 22일 정오에 스페인의 라코로냐에서 당신을 만나기를 희망합니다. 행운을 빕니다."

간단한 전화 한 통화가 이 계획을 시작하게 하는 계기가 되고 이 계기로 말미암아 불가능을 극복하는 무한한 힘을 발산케 하는 원동력을 가지게 된 것이다.

어떤 사람은 나에게 이렇게 말했다.

"우리의 인생은 우리가 하고 싶은 일을 하기에는 너무나 짧아요."

그러나 나는 그 생각에 결코 동의할 수 없다. 만약에 당신이 주저하지 않고 즉시 시작하기만 한다면 인생은 결코 당신의 일을 마무리하기에 짧지만은 않을 것이다.

당신은 이제 게으름의 잠에서 깨어나라. 활기 있게 움직여라. 게으름의 선을 용기 있게 끊어라. 무능과 무력함의 쇠사슬을 끊고 망설임의 늪에서 헤어나라.

"지금은 자다가 깰 때이다"(롬 12:13).

"참으로 지금은 구원의 때이다"(고후 6:2).

"지금이야말로 바로 시작해야 할 때이다"(시 18:14).

당신의 계획을 지금 바로 행동에 옮기기로 결심하라. 지난날의 타성에 젖은 게으름의 감옥에서 과감히 탈출하라. 지금 바로 그것을 시작하라. 지금 실천으로 옮겨 전화하고 편지하고 사람을 만나고 계획 세운 일에 착수하라. 과단성 있게 행동하라. 시작하라. 전진하라. 당신이 해야겠다고 생각하는 지금 바로 그것을 하라!

소극적인 사고의 껍질을 부수어라. 당신의 두뇌 속에서 모든 소극적인 생각들을 추방하라.

"깨어 믿음에 굳게 서서 남자답게 강건하라"(고전 16:13).

장애물을 헐어라. 당신 앞에 버티고 서서 방해하는 장벽을 부수어라. 만리장성의 큰 벽을 뚫고 문을 닫는 것과 같은 엄청난 일도 능히 할 수가 있다. 다만 그 방법이 문제다. 한꺼번에 완성을 기대하지 말라. 한 번에 돌 한 개씩 부수어서 점점 크게 헐어라. 당신에게 부딪친 큰 문제를 최대한으로 잘게 쪼개서 하나씩 해결해 나가라.

당신의 운명에 획기적인 변화를 제공하게 될 가슴 벅찬 성취감을 기대하라. 그러면 당신은 영예로운 행동과 용기 있는 생각만을 가지게 될 것이다. 그러면 또한 당신의 이웃은 당신을 존경하고 찬양하게 될 것이다. 신도 물론 당신을 축복할 것이다. 그렇다면 당신은 얼마나 행복한 사람인가! 당신은 분명히 당신이 원하는 사람이 될 수 있다. 적극적인 사고를 가진 사람이 되어 적극적으로 행동하라. 지금 바로 일을 시작하라.

어떠한 장애물이 앞에 가로놓인다 해도 능히 그 장애물을 없앨 수 있다. 즉시 그 장애물을 없애라. 그리하여 멈추지 말고 앞으로 전진하라.

8

배 짱 있 게
살아갈 용기

두려움을 벗어버려라

두려움은 어둠 속에서 번식하고
신념은 밝은 빛 가운데서 성장한다.
이 빛을 실패의 어둠에 비추어라.
실패에 대한 두려움은 곧 자존심의 상실에 대한 두려움이다.
즉, 당신 자신을 두려워하고 있는 것이다.

두려움을 벗어버려라

이제부터 조심해야 할 일이 있다. 깜짝 놀랄 만한 어떤 새로운 가능성이 보이기 시작할 때면 당신은 옛날의 적이 다시 도전해 올 것임을 느낄 수 있을 것이다. 여기에서 가장 주의해야 할 일은 실패의 두려움에서 비롯된 당신을 억압하는 바로 그 '두려움'을 없애는 일이다.

지금까지 당신은 문제해결을 생각해 왔고 창조적인 아이디어를 발견해 왔다. 그러나 아무리 이 과정에까지 훌륭하게 이끌어 왔다고 해도 실패에서 오는 두려움을 제거하지 못한다면 당신이 세운 목표는 장애물에 부딪치게 될 것이다. 어떠한 목표는 확신을 가진 사람에게는 그것을 성취하도록 자극하지만 두려움을 가진 사람에게는 그것을 포기하도록 자극한다.

시그몬드 프로이드는 왜 목표를 세우는 것을 반대하였는가.

소극적인 생각을 가진 그는 잠재적인 위험을 두려워했기 때문이다. 결국 그는 다음과 같이 생각했던 것이다.

"달성되지 못할 목표들은 좌절과 근심을 가져오는 병을 앓게 한다."

그의 태도는 또한 목표를 세우는 것을 주장하는 비네스의 정신분석 의학자인 빅토 프랭클 씨의 말을 상기하게 한다. 프랭클은 적극적인 사고를 가진 사람이었다. 그는 자기가 세운 목표에 대해 여러 가지 가능성을 가지고 있었다. 그는 이렇게 말했다.

"목표가 결여된 삶은 모든 의미를 빼앗아 간다."

물론 프로이드의 생각이나 프랭클의 주장은 모두가 다 옳다. 그러나 그들의 문제에 대한 해결은 목표를 두려워하는 데 있는 것이 아니라 실패에 대한 두려움을 없애는 데 있다. '하면 된다'는 적극적인 사고를 가지고 당신의 인생에서 실패를 부정하고 없애버리는 태도야말로 당신의 문제를 곧바로 해결하는 지름길이 된다. '실패하지 않을까?'하는 소극적인 생각을 '하면 된다'는 적극적인 사고로 바꿀 때 당신의 인생은 놀라운 변화를 가져올 것이다. 이제부터 '실패'에 대한 정의를 바꾸어 보라!

- 실패는 당신이 결코 실패자임을 뜻하지는 않는다. 그것은 당신이 아직 목표에 도달하지 못하였다는 것을 의미할 뿐이다.
- 실패는 당신이 아무 것도 달성하지 못했다는 것을 뜻하지는 않는다. 그것은 당신이 무엇인가를 배운다는 것을 의미한다.
- 실패는 당신이 결코 바보였다는 것을 뜻하지는 않는다. 그것은 당신이 보다 강한 신념을 가졌음을 의미한다.

- 실패는 당신의 위엄이 추락된 것을 뜻하지는 않는다. 그것은 당신이 보다 큰일을 시도하고자 하는 것을 의미한다.
- 실패는 당신이 가지지 못했다는 것을 뜻하지는 않는다. 그것은 당신이 무엇인가를 해야 한다는 것을 의미한다.
- 실패는 당신이 뒤떨어진다는 것을 뜻하지는 않는다. 그것은 당신이 절대적이지 못함을 의미한다.
- 실패는 당신이 시간을 낭비했다는 것을 뜻하지는 않는다. 그것은 당신이 새 출발의 기회를 가졌음을 의미한다.
- 실패는 당신이 물러서야 한다는 것을 뜻하지는 않는다. 그것은 당신이 더욱 더 분발해야 한다는 것을 의미한다.
- 실패는 당신이 결코 할 수 없음을 뜻하지는 않는다. 그것은 당신이 조금 더 시간적인 여유를 필요로 함을 의미한다.
- 실패는 신이 당신을 외면하는 것을 뜻하지는 않는다. 그것은 당신에게 더 훌륭한 생각을 주시고자 함을 의미한다.

이와 같이 실패의 정의를 긍정적인 측면에서 생각하라. 그러면 당신은 소극적인 사고를 가진 사람들이 생각하는 실패의 두려움을 물리칠 수가 있다. 새로운 길잡이가 되거나 분발할 수 있는 자극을 주는 실패는 결코 실패가 아니다. 당신에게 있어서 진정한 실패는 바로 소극적인 태도이다.

뛰어난 아이디어를 가졌는가? 그렇다면 성공하지 못할 것이라는 부정적인 태도를 경계하라. 당신은 스스로 '연구하는 사람'이라 자칭

하면서 실패의 두려움을 이겨 보라. 목표의 시작을 하나의 '실험'이라고 생각하라. 당신에게 실패란 있을 수 없다. 연구나 실험을 하는 사람들에게는 실패라는 말이 결코 용납될 수 없다. 그들은 새로운 상태를 발견하기 위한 아이디어 실험에 언제나 성공하고 있다.

두려움의 제거

당신은 지금 감정 가운데 어느 하나(신념이나 두려움)에 지배당하고 있을 것이다. 당신의 생활을 두려움 속에 두지 말라. 성경을 통해 새로운 용기를 얻을 수 있다. 어떤 사람이 성경 속에서 '두려워 말라'라는 말을 헤아려 보았더니 365 구절이 있음을 발견했다. 그것은 곧 하루하루로 채워진 1년, 365일을 의미한다. 이 말씀은 우리에게 크고 강한 용기를 준다.

"마음을 강하게 하고 담대히 하라. 두려워 말며 놀라지 말라. 네가 어디로 가든지 네 하나님 여호와가 너와 함께 하느니라."

라고 성서에도 말하고 있다.

두려움은 신의 뜻하심이 아니라는 점에서 정상적이 아니다. 그것은 소극적인 생각과 믿음이 결여된 마음 상태에서 온 것이다. 성경은 이것을 분명히 증명해 주고 있다.

"신(하나님)이 우리에게 주신 것은 두려워하는 마음이 아니오. 오직 능력과 사랑과 근신하는 마음이니."(딤후 1:7)

저 유명한 E. 스탠리 존스 박사는 두려움에 관하여 다음과 같이 요약하고 있다.

"나는 나의 마음속에 두려움이 없는 신념을 가지고 있음을 안다. 두려움은 나의 고향이 아니다. 근심이나 걱정은 인생이라는 수레바퀴에 부담을 주는 돌멩이이다. 그러나 신념은 기름이다. 나는 두려움이나 의심이나 근심보다는 믿음이나 신념을 토대로 하여 살고 싶다. 근심과 두려움이라는 늪 속에서 나의 삶은 할딱거리고 있다. 이러한 나의 태도는 정상적이 아니다. 그러나 나는 믿음의 신념이라는 뜨락에서는 자유롭게 숨을 쉰다. 내가 가진 본래의 태도는 바로 이것이다."

또한 존 홉킨스 박사도 다음과 같이 말하였다.

"나는 근심을 가진 사람이 근심 없는 사람보다 더 빨리 죽는다는 이유를 알진 못하지만, 그것은 사실이다."

그러나 소박한 마음을 지니고 있는 나는 그것을 이렇게 생각한다.

"우리는 우리의 마음속에 두려움이 아닌 두뇌의 세포와 정신을 가지고 있다. 신은 우리에게 그걸 증명해 주었다. 걱정하지 않고 사는 것이 현실에 반항하지 않는 삶이다."

두려움만큼 우리 인간을 병들게 하는 힘이나 감정은 없을 것이다. 두려움은 세일즈맨의 적극적인 사고를 망설이게 한다. 그것은 또한 젊은이의 매력을 흐리게 하고 취업 희망자가 모색하고자 하는 길을 방해한다. 또한 경영자가 결정적인 행동을 하는 것을 망설이게 하며 진리를 탐구하는 자가 신에게 나아가려 하는 것을 주저하게 한다.

인간이 가진 두려움의 가장 서글프고 비굴한 상황 속에서도 실패에 대한 두려움만큼 파괴적이고 멸망적인 것은 없다. 이 두려움을 당신의 생애에서 영원히 추방하라.

당신이 만약 두려움을 몰아 내지 않는다면 그 두려움은 마침내 당신을 사로잡고 말 것이다.

실패에 대한 두려움을 없애려면

1. 당신이 만약 실패에 대한 두려움을 갖고 있다면 그것을 지금 바로 진리의 빛 앞에 끌어내라. 두려움은 어둠 속에서 번식하며 신념은 밝고 환한 빛 가운데서 성장한다. 이 빛을 실패의 두려움에 비추어라. 그러면 실제로 실패에 대한 두려움을 떨쳐버릴 수 있는 놀라운 사실을 체험하게 될 것이다. 현재 단순히 실패하는 것만을 두려워하고 있다고 생각하겠지만, 실제로 당신에게 두려움을 요청하는 것은, 만약 실패했을 경우에 친구들이나 주위 사람들이 비웃고 멀어져 갈 것이라는 사실이다. 실패에 대한 두려움은 사실 당황이나 좌절이라는 공포이다. 그러나 왜 좌절을 두려워하는가? 당신은 분명히 당신 자신을 위할 수가 있다.

왜 당신은 두려워하는가? 좌절에 대한 두려움은 곧 자존심의 상실에 대한 두려움이다. 당신은 자신의 위신이 하락되는 것을 두려워한다. 따라서 신뢰를 두려워하고 있는 것이 아니라 바로 당신 자신을 두려워하고 있는 것이다. 당신은 자존심이 상할까봐 두려워한다. 역사는 열심히 투쟁했던 패배자를 결코 버리지 않음을 기억하라.

2. 배신자들은 배가 침몰하려하면 도망부터 한다. 당신이 성공하지 못했다고 해서 당신을 떠나려는 사람은 참된 친구가 아니다. 옛 성인은 말하기를 "모든 사람이 다 나갈 때 들어오는 사람이 참된 친구"라고 했다. 최선을 다해 싸웠지만 패배한 사람의 옆에 서서 그 정신을 칭찬하고 "내가 무엇을 도울 수 있을까요?"라고 묻는 승리자야 말로 세계에서 가장 훌륭한 사례이다. 그는 또한 "당신은 훌륭한 사람입니다"라고 진심으로 격려하면서 용기를 북돋아주는 사람이다.

당신은 매우 진실한 친구를 가지고 있다는 것을 발견할 때 자신을 사랑하게 될 것이다. 최선을 다한 실패는 결코 불명예가 아님을 기억하라. 진정한 수치심은 신념의 결핍에서 비롯된다. 두려움도 수치심의 일종이다. 당신이 더 열심히 노력하고 희생해야만 하는 것을 두려워해서 발전하지 못한다면 그것이야말로 가장 수치스러운 일이다. 당신이 좌절에서 탈피하여 계속 도전하고 헌신과 용기와 희생을 다해 노력할 때 자존심을 세워 줄 친구를 만나게 될 것이다.

이와 같이 실패에 대한 두려움은 당신의 자존심을 지키려 한다. 그러나 그것은 결국 자존심을 방해하고 해치는 결과가 된다. 당신이 만약 두려움에 얽매여 살아간다면 얼마나 훌륭한 사람이 될 수 있었는가를 알지도 못한 채 이 세상을 떠나고 말 것이다.

3. 모험을 하지 않고는 발전도 기대할 수 없다는 것을 기억하라. 당신은 실패를 체험함으로써 목표가 너무 높게 세워졌다는 것을 알게 될 것이다. 성공은 신으로부터 부여받은 기회와 재능을 최대로 활용하지 못한 결과이다.

하버드대학의 총장인 제임스 브리안트 코넌트 박사는 이렇게 말했다.

"거북이를 보라. 그는 그의 목을 내밀 때만이 진보한다."

또 영국의 외상인 해리 폭스 씨는 이렇게 말했다.

"기회가 주어졌음에도 불구하고 아무것도 남기지 못한 사람은 모든 어떠한 일도 미숙하게나마 할 수 없는 사람이다."

또한 린 프랭크린은 이렇게 말했다.

"많은 일을 시도한 사람은 많은 실수를 저지르지 않는다."

만약에 당신이 지금 어떠한 모험에 부딪치지 않는다면 성장이나 진보는 움직일 수가 없다. 오히려 퇴보만이 있을 뿐이다. 만약에 이러한 두려움이 당신의 마음에 가득해진다면 당신의 운명은 참으로 지루하고 생명력이 없고 가치 없는 것이 될 것이다.

4. 당신의 마음속에서 '완전 론(論)'을 없애라. 실패에 대한 두려움은 '완전 론'이라는 지나치게 이상적인 사고에서 비롯된다.

완전론(完全論)은 또한 거부로부터의 두려움이다. 당신은 실패했을 경우 불완전한 사람으로 보일 것을 두려워한다. 그러나 현실적으로 생각하라. 이 세상엔 아무도 완전한 사람이 없다는 것을 기억하라. 이 세상에서 제아무리 훌륭한 사람도 당신이 완전무결하기를 바라지는 않는다. 훌륭한 사람들은 당신이 실패의 결과를 체험했을 때 당신의 불완전함을 보고 진심으로 이해해 준다. 실패라는 것은 다만 당신이 인간이라는 것을 보여주는 것이다. 모든 사람은 어떤 면에서, 또는 어떤 수준에서는 결코 실패자에 불과하다. '인간은 죄를 범하고 신은 이를 용서한다'는 말을 기억하라.

사람들은 당신이 한 일의 결과에 대해 당신을 용납하거나 잊어버리지 않고 당신이 어떠한 생각을 가진 사람인가에 대해서만 신경을 쓴다.

5. 실패는 모든 일의 끝이 아니며 또 모든 일의 끝은 결코 실패가 아니라는 사실을 믿어라. 결혼에 실패하여 이혼한 많은 사람들이 다음에는 성공적인 결혼생활을 해 나가고 있다. 당신은 어떤 일에 있어서는 실패했을지 모르지만 다른 일에 있어서는 성공할 수도 있다.

소극적인 태도로 불가능하다고 생각하는 사람은 한 마디로 극단적인 위선자들이다. 그들은 무책임하고 부정적인 말들을 곧잘 한다.

"나는 모든 것을 포기했다" "나는 패배자다" "나는 이제 아무것도 아니다" "이젠 끝장이다" 등등 이러한 말들은 모두 과장된 거짓에 불과하다. 당신은 결코 이러한 식으로 표현하거나 생각하지 말라.

오늘날 가장 존경받는 정신의학자인 스밀리 브란트 박사는 어느 날 그의 동료인 노르만 빈센트 필 박사에게 이렇게 말했다.

"40년 동안 정신의학자로 일해 오면서 오늘 내가 증명할 수 있는 분명한 일이 하나 있다면 그것은 인간의 생활에는 아직 개발해야 할 무한한 영역이 있고 누구에게도 결코 절망적인 경우는 없다는 것이다. 프로이드는 이러한 사실 앞에 '그것은 중증의 정신병자가 그들 자신이 가지고 있는 병을 그들 자신 밖으로 옮겨내어 그들의 비참한 상황이 마치 다른 데서 일어난 것처럼 착각하고 있는 참사와 같다'고 했다."

6. 참된 실패는 무엇인가? 이것을 스스로 질문해 보라. 그 대답은 아주 명료하다. 참된 실패를 체험하는 사람은 다음과 같은 경우이다. 즉, 급한 상황의 모험적인 일에 처하여 두려움에 사로잡히는 사람, 의무 수행에 있어 항상 불완전한 것만 보기 때문에 높은 이상을 향한 의무에 망설이는 사람이다.

당신이 기억해야 할 것은 바로 자존심을 실패의 두려움으로부터 지키고 더 보태서 보다 가치 있고 훌륭한 뜻을 개선시켜야 한다는 것이다. 당신의 신념이 미래의 생활을 지배하도록 하라. 그리하여 자존심과 권위가 인생을 좌우할 만큼 현실적 위치를 굳건히 하라.

7. 당신은 지금 마음 가운데 깊숙이 도사리고 있는 두려움을 신념의 빛으로 몰아내라. "그 일은 그렇게 될 수 없다", "그 일은 불가능하다", "누군가도 실패했다", "아직껏 그런 일이 이루어진 적은 없다"라는 등등의 말을 당신에게 하는 사람과는 가까이 하지 마라.

이러한 파괴적인 생각이나 부정적인 사고방식을 가진 사람과는 가까이 하지 마라. 이러한 파괴적인 생각이나 낙담을 가져다주는 사람을 또한 멀리하라. 그들은 쌓아놓은 생애의 목표를 흔들어 놓는 사람들이다.

이제부터 당신의 확고한 신념을 더욱 개발해야 할 것이다. 확신이 강한 사람의 마음은 결코 흔들리지 않는다. 나의 친구 중 한 사람은 이렇게 말했다.

"나를 지켜 주시는 신께서는 결코 실수하시는 일이 없다."

대학과정을 이수하고 있는 한 학생이 어느 날 나에게 이렇게 말했다.

"저는 제가 가진 두려움의 요소를 종이 위에다가 기록합니다. 그런 후 그 종이를 둥글게 말아서 화살로 그 종이를 꿰뚫습니다."

미국의 재벌 중 가장 담력이 큰 사람으로는 로버트 레 투어니를 손꼽을 수 있다. 그는 세상을 떠났지만 그가 큰 담력을 지니게 된 비결은 바로 이것이었다.

"신은 나의 동반자이시다. 당신이 만약 그와 같은 동반자를 가졌다면 어떻게 감히 당신이 두려워 할 수 있겠느냐?"

크고 원대한 꿈과 결코 흔들리지 않는 굳은 신념을 가져라. 그러면 나는 당신에게 말씀 한 마디로 산을 움직인 위대한 분을 소개할 것이다. 그는 적극적인 사고를 가지고 성공했다. 그는 다음과 같은 말씀을 믿는 사람이다.

"너는 모든 일에 그를 인정하라. 그리하면 네 길을 지도하시리라."

(잠 3:6)

에델 워터스는 그의 슬로건을 이렇게 소개했다.
"신은 참된 실패자를 결코 후원하지 않는다."

두려움을 없애기 위한 적극적인 사고

만약에 당신이 앞에서 말한 사실을 읽고도 어찌할 수 없는 두려움에 사로잡히는 일이 있다면, 이제부터 그 감정을 승화시켜라. 그리하여 당신이 갖고 있는 두려움이 오히려 일을 도울 수 있도록 하라. 두려움으로 인해 결코 불리하게 생각하지 말라.

"나는 나의 앞날에 놓인 미지의 사실이 없었다면 아마 살 수 없었을 것이다."

당신이 두려워하는 그 감정을 미래의 신비라고 여겨라. 그리고 두려움을 다음과 같이 적극적인 자세로 변화시켜 발전에 유리하게 하라.

당신은 실패하게 될지도 모른다는 사실을 두려워하지 말라. 성공하지 못할 것이라는 그 생각을 두려워하라.

당신은 무엇인가를 잃게 되거나 사랑하게 됨을 두려워하지 말라. 당신이 성장하지 못한다는 생각을 두려워하라. 당신은 무엇인가를 잃게 되거나 사랑하게 됨을 두려워하지 말라. 당신이 전혀 사랑할 수 없을지도 모른다는 생각을 두려워하라.

당신은 실수로 주위로부터 비웃음을 받을지도 모른다는 사실을 두려워하지 말라. 당신이 남으로부터 '믿음이 부족한 사람'이라는 말을 듣는 것을 두려워하라.

당신은 또 쓰러질지도 모른다는 사실을 두려워하지 말라. 다음에도 현재와 같이 되지 않을까 하는 생각을 두려워하라. 이제 준비 자세가 모두 갖추어졌는가? 그렇다면 지금부터 높은 이상을 가지고 계속 전진하라. 곧 시작하라. 이것은 모험인가? 물론 모험이다. 아주 훌륭한 모험이다. 이 모험이야말로 당신이 신념의 생애를 살 수 있는 가장 좋은 기회이다. 오스카 월드 씨는 다음과 같이 말했다.

"위험을 내포하지 않는 아이디어는 어떠한 아이디어도 불러일으킬 만한 가치가 전혀 없다."

또한 나의 가까운 친구인 프레드 자비스 씨는 다음과 같이 말했다.

"당신이 맞이한 실패는 수치나 범죄가 결코 아니다. 오히려 떳떳한 목표를 세우지 않는 것이 수치요, 목표가 낮은 것이 범죄이다. 그러므로 떳떳한 목표를 세우라. 그 목표를 보다 더 높이고 향상시켜라. 당신의 계획은 신과 함께 크게 세우고 담력을 갖고 대담하게 행동으로 옮겨라."

인간은 신의 형상대로 창조되었기 때문에 수치심을 갖고는 정상적으로 지탱할 수 없다. 인간 본래의 천성은 인격적인 대우를 받기를 원한다. 실패에 대한 두려움은 자기 방어를 위한 한 가지 방편에 불과하다.

당신은 실패에 대한 두려움을 무시해 버림으로써 자존심을 지킬 것을 결심하라. 그러면 실패에 대한 두려움이 결코 자존심을 향상시키거나 보호하지 못한다는 사실을 알고 놀라운 판단력과 통찰력을 개발시키게 될 것이다. 실패에 대한 두려움은 사실 자존심을 하락시킨다. 당신이 만약 뛰어난 아이디어를 가졌다고 하자. 그런데 실패에 대한 두려움에 휩싸여 있다고 가정해 보자. 그러면 당신은 귀중한 기회를 잃게 된다. 따라서 두려움으로부터 빠져나와야 한다. 싫증이나 권태는 자존심을 결코 향상시켜 주지 못한다. 그러면 싫증이나 권태가 하는 일은 무엇인가?

"그 일은 그렇게 될 수도 있었을 것이다"라는 적당한 자세로 당신에게 많은 시간을 허비하게 한다. 존 그린리프는 이렇게 말했다.

"모든 혀나 펜의 가장 슬픈 말은 '그렇게 될 수도 있었는데'라는 것이다."

당신은 한두 살 나이를 더해 가면서 많은 후회를 남기고, 그로 인해 괴로움을 당하게 된다. 나는 왜 그 일을 하지 않았는가? 나는 왜 그때 그 기회를 붙잡지 않았느가? 당신이 참으로 마음 아픈 것은, 당신에게 주어진 기회를 외면했을 그 당시에 다른 사람이 똑같은 기회를 붙잡는 것을 보게 되는 것이다. 그리고 그는 마침내 성공하여 당신의 부러움을 사게 되는 것이다. 그때 그에 대해 부러워해야만 하는 당신의 괴로움은 당신에게 보다 더 소극적이고 부정적인 생각과 행동을 하게 하는 질투심을 가져다 줄 것이다.

배 짱 있 게
살아갈 용기

위기는 위험과 기회이다

인간은 웃음과 눈물을 경험하면서 성장한다.
희망과 실망을 통해 단련되고 연마된다.
위험이 없다면 안정도 없다.
위기는 위험과 기회의 순간이다.
당신은 그 기회를 잡아라.

위기는 위험과 기회이다

당신은 어려움에 처하면 어떻게 대처하는가? 당신은 꿈을 가지고 있다. 꿈의 성취를 위해 헌신적인 노력을 아끼지 않았다 하자. 그리고 어떤 일이 있어도 절대로 포기하지 않겠다는 굳센 각오도 가지고 있다고 하자. 그러나 위기에 처할 때가 있음을 알아야 한다. 당신의 세계는 무너지기 시작한다. 이와 같은 경우에 어떻게 하는가?

지금 당신은 '초능력'이 필요하다. 초능력은 존재한다. 나는 경험을 통해서 그것을 알고 있다. 당신도 그것을 가질 수 있다고 믿어라.

초능력은 당신이 할 수 있다는 사고방식을 가지고 전진하면 발생한다. 당신은 그것을 믿는가? 어떤 자는 믿지 않는다. 그들은 이런 말을 한다.

"항상 '적극적인 정신자세'를 가진다는 것은 불가능하다."

"항상 '명랑한 사람'이 된다는 것은 불가능하다."

"항상 '할 수 있다는 사고'가 되는 것은 불가능하다."

이것은 사실이 아니다. 나는 이 장에서 위기에도 불구하고 할 수 있다는 사고는 항상 명랑하게 살 수 있다는 것을 증명할 것이다.

독수리는 새끼들에게 나는 것을 가르치기 위해서 보금자리에서 밖으로 내던진다. 아이들은 가정을 떠나서 놀러 다니다 집으로 돌아온다. 대학교에 다닌 학생들은 때가 되면 사회로 나간다. 투쟁, 그리고 연단이나 이별이 없이는 성장이 없다.

우리는 오직 투쟁과 연단을 통해서 성장한다. 독서 연구에서 얻어낸 개념 때문에 마음의 투쟁을 씨름하다가 그 개념을 이해할 때 성장하는 법이다. 한때는 내 딸이 유기화학 공부를 하다가 어느 부분을 이해하지 못했다. 그러나 그 문제와 계속적으로 투쟁하고 연구하였다. 그러던 어느 날 집으로 돌아와서 책과 노트를 책상에 내려놓고 기뻐하면서 이렇게 말했다.

"이제 알았다! 이제 해답을 알았다!"

사람은 어떻게 성숙한 인간이 되는가? 마음은 어떻게 성장하는가? 웃음과 눈물을 경험하면서 성장한다. 희망과 실망을 통해서 단련되고 연마되므로 성장한다. 이러한 성장과정을 통해서 우리는 성숙한 사람이 된다. 나에게 위대한 사람을 보여 주면 나는 당신에게 고통을 당한 적이 있는 사람을 보여 줄 수 있다.

도전은 인생의 중요한 의미이다

나는 이 책의 여러 곳에서 아이디어의 중요성을 강조했다. 사실 우리는 문제 때문에 계획을 세운다. 그리고 사람은 누구나 문제를 가지고 있다. 문제는 우리에게 도전을 요구한다. 도전을 외면하는 자는 살아있는 송장에 불과하다.

잭키 크리슨은 얼마 전 텔레비전 좌담회 석상에서 이렇게 말했다.

"나는 성공하기 전에 숱한 고난을 당했다. 그러던 어느 날 나는 내가 바라던 모든 것을 모두 소유하게 되었다. 원하는 모든 것을 다 소유한다면 당신은 더 이상 무엇을 바라지 않게 된다. 당신은 이때 인생의 의미가 무엇인가를 알려 하지 않게 된다."

위기는 전환을 가져온다

위기가 없으면 사람은 방향전환을 하지 않는다. 예를 들면 위기 때문에 하나님을 믿게 된다. 할 수 있다의 사고의 사람은 위기가 있는 곳에 전환(개심)이 있다는 것을 안다. 왜냐하면 위기는 위험과 기회의 순간이기 때문이다.

치료가 없다면 건강도 없다

의사가 수술을 하려면 칼질을 해야 한다. 치과의사는 최소한의 고통을 주지 않고는 충치를 치료할 수 없다. 선생은 학생에게 건설적인 비평을 해야 한다. 부모는 그런 말을 해야 한다. 고통 없이는 남에게 도움을 줄 수가 없다. 당신도 고통 없이는 도움을 받을 수 없다.

위험은 안정의 필수조건이다

위험을 회피하면 당신은 무사안일 상태에 빠진다는 것을 알라. 그리고 결국 불만을 맛볼 것이다. 신은 세상에 사는 우리가 완전한 평안 속에서 살 수 있다고는 보장하지 않는다. 그러나 그는 모든 비극에도 불구하고 사람은 누구라도 축복 속에서 살아야 한다는 것을 알고 계신다. 만약 신께서 당신의 인생 속에 있는 긴장을 해소시킨다면 당신은 나태한 사람이 될 것이다. 위험이 없다면 안정도 없다.

위대한 근거와 위대한 운동

오늘날 우리가 이 세계 속에서 당면한 문제는 새로운 계획, 새로운 운동을 창조하는 일이다. 그러나 위대한 근거가 없다면 이대한 운동도 기대할 수가 없다. 위대한 근거가 없다면 운동들, 계획들, 그리고 사건들이 있을 수 없다.

석양이 없다면 새벽도 없다

인생에게 무엇이 필요한가? 태양? 틀린 말은 아니다. 그러나 비를 생각해 보자. 계속 태양만 비친다면 세상은 사막으로 변할 것이다. 석양이 없다면 새벽도 없다. 불만이 없는 사람은 하나도 없다. 큰 슬픔이 있는 곳에 큰 기쁨도 있다.

필요가 없다면 기회도 없다

나는 어느 날 병이 나서 병원에 입원한 일이 있다. 이러한 경험을 통해서 어떤 것을 얻을 수 있는 것인지 생각해 보았다. 여러 가지 생각들이 떠올랐다. 나는 밤에 잠이 오지 않아서 그곳의 수위와 대화를 했다.

    수위는 멕시코계 미국인이었다. 그는 자기의 아내, 아이들에 대해서 이야기했다. 그는 가족들을 부양할 수 있는 좋은 직장을 가진데 대해서 행복하게 생각한다고 말했다. 그때 나는 중요한 것을 깨달았다. 내가 병원에 있으므로 이 사람은 그의 가족을 위해서 돈벌이를 할 수 있는 것이다. 만약 병원에 환자가 없다면 의사들, 간호사들, 이 사람들과 같은 수위들은 생계를 위한 돈벌이를 할 수 있는 기회를 얻지 못할 것이다. 무식한 사람들이 없다면 교육자들은 생계를 위한 기회를 얻지 못할 것이다. 한 사람의 필요 때문에 다른 사람은 기회를 얻는다.

투쟁이 없다면 창조도 없다

위대한 창조는 우연히 생기는 것이 아니다. 분투노력의 결과이다. 유명한 배우, 유명한 소설가, 유명한 시인, 유명한 조각가, 유명한 음악가는 어떻게 성공했을까? 일시적인 실패에도 불구하고 그들은 숱한 시련을 견디며 인고의 길을 걸어온 것이다.

    나는 설교 준비를 할 때 시련을 겪는다. 종종 준비한 자료를 많이 팽개쳐 버린다. 올바른 아이디어, 올바른 설명, 올바른 문장, 또는 올바른 단어 하나를 찾기 위해 몸부림을 친다. 결국 그러한 시련, 몸부림의 결과로 그것을 발견한다. 그 순간 나는 이렇게 외친다.

"오, 감사합니다. 이것은 정말 위대한 아이디어입니다! 이것은 사람들에게 도움이 될 것입니다."

위대한 창조는 분투노력의 부산물이다.

죽음이 없다면 부활도 없다

이것은 가장 중요한 진리이다. 당신은 평소에 죽음과 부활을 체험한다. 몸의 기존 세포는 죽고 새로운 세포가 탄생하는 것이다. 그러므로 죽음은 성장의 표인 것이다. 씨앗이 땅속에 들어가지 않고 그대로 있으면 많은 열매를 맺을 수가 없다. 죽음과 삶은 인생의 일부이다. 죽음이 없다면 새 생명은 없다. 최근에 나는 어느 사람의 장례식에서 그의 아내와 자녀들에게 이런 말을 했다.

"오직 영생이 있을 뿐이다. 우리는 죽음의 땅에 살고 있다. 그러나 그는 영생의 땅에 살고 있다."

이 진리는 사실이다. 그러므로 우리는 낙천적인 자세로 살 수 있다. 인생은 항상 양면이 있다. 그러므로 '할 수 있다고 사고하는 사람'은 항상 인생의 적극적인 면을 보고 돌진하는 법이다. 죽음을 초월한 자만이 진정한 삶을 누릴 수 있다. 왜냐하면 죽음이 없이는 부활도 새 생명도 없기 때문이다.

인생의 참다운 의미

당신의 생활 속에 칠흑 같은 어둠이 찾아와도 재속 전진하라. 눈물을 극복하라. 깊은 절망에도 겁내지 말라.

당신은 부두에 붙어살고 있는 조개갓을 아는가? 그것은 딱딱한 껍질 속에 살고 있다. 처음에는 자유로운 존재로 살려고 했으나 게으른 나머지 한곳에 정착하여 딱딱한 껍질을 구축했다. 그것은 껍질 속에서 뒷발로 먹이를 입으로 던지면서 평생을 보낸다. 당신도 안일한 일생을 보낼 수 있다. 그렇지 않으면 선교사들처럼 낯선 지역에 뛰어 들어가 문제를 타개하는 자가 될 수 있다. 그들은 모험심이 강하기 때문에 이런 자세로 인생을 대하는 것이다. 나는 바람을 환영한다.

바람이 없다면 연(鳶)이 어떻게 날을 수 있는가? 연은 바람과 맞서므로 상승한다. 인생도 마찬가지이다. 역경에서 진실된 인생이 피어나는 것이다. 비바람 찬 이슬을 겪은 인간이 정말 인간다운 인간이 된다. 생활전선에 뛰어들라. 인생의 칼라가 다양하다는 것을 알고 흥미를 느낄 것이다. 세상에서 가장 불행한 사람은 할 일이 없는 사람이다. 생활전선에 뛰어들어라. 절망의 먹구름이 닥쳐와도 계속 일하라. 그러면 그것이 인생의 일부에 불과하다는 것을 아는 더 현명한 사람이 될 수 있다.

문제가 생기면 먼저 즐거워하라

사실이다. 인생이 무의미하게 생각되는 암흑기가 오면 노래를 불러라. 그러면 그것을 극복할 수 있을 것이다. 바람을 환영하라. 고민문제를 즉시 처리하면 더 좋은 일이 생긴다는 것을 알라. 고민문제를 처리할 때 할 수 있다는 사고방식으로 밀고 나가라.

문제가 생길 때 겁내지 말라. 당신은 문제해결을 통해서 더 아름다운 인생을 발견하게 될 것이다. 암흑기가 당신의 염원에 대한 응답일 수도 있다. 왜냐하면 암흑기 때문에 더 겸손한 자가 될 수 있기 때문이다. 암흑기가 밀어닥쳐도 꾸준히 목표를 달성하거나 문제를 처리해 나가면 당신은 더 아름답고 가치 있는 사람이 될 것이다. 그러므로 노래하며 시작하라.

사물을 경시하지 말라

나는 방콕에서 유명한 불상을 보았다. 1955년 전까지는 높이가 10피트, 무게가 8톤인 이 불상은 수년 동안 절 밖에 버려져 있었다. 이 불상이 어디서 온 것인지 아는 자는 한 사람도 없었다. 전설에 의하면 이 불상은 수백 년 전에 북쪽에서 강물에 휩쓸려 떠내려 온 것이라고 하였다. 하여튼 1955년에 어느 스님이 자기 절을 수리하고 수리가 끝나면 이 불상을 절 안으로 가져가기로 결심했다. 그는 이런 생각을 했다.

"어쨌든 불상을 절 밖에 방치한다는 것은 잘못이다."

그래서 이 큰 불상을 옮기기 위해 크레인을 불러왔다. 이 불상을 땅에서 5피트 쯤 들어 올렸을 때 사고가 생겼다. 줄이 끊어져 불상이 땅에 떨어졌다. 그리고 전체에 심한 금이 갔다. 그때 비가 내리기 시작했고 곧 밤이 되었다. 사람들은 실망하고 집으로 돌아갔다.

그리고 스님은 불상에 생긴 균열을 때우기로 했다.

다음 날 아침에 스님은 콘크리트 사이에 생긴 균열을 조사해보았더니 그 금이 간 사이에서 빛이 나는 것 같았다. 그는 더 자세히 살펴보았다. 결국 자기가 본 빛이 그 틈 사이에서 나오는 빛임을 알았다. 그는 손으로 콘크리트를 뜯어내었다. 그는 속에 금(金)이 있다는 것을 알았다. 즉시 콘크리트를 다 뜯어냈다. 드디어 세계에서 제일가는 금덩어리를 발견한 것이다. 그는 5톤 반짜리 순금 불상을 찾았던 것이다!

우리는 이제 이 이야기의 내막을 안다. 사실 이 불상은 1295년에 시암양의 명령에 의하여 만들어진 것이다. 버마군이 침략하려고 위협하자 북쪽 나라의 어느 마을에 있던 사람들은 그곳에 금불상을 안전하게 보존하기 위해 금불상에다 시멘트를 입혔던 것이다. 그들은 침략자에 의해 모두 피살되었다. 아무도 이 금불상의 비밀을 몰랐다. 크레인에서 불상이 떨어졌기 때문에 콘크리트에 숨겨졌던 정체가 나타난 것이다. 매사를 경솔히 대하지 말라.

무한한 에너지를 가진 사람

토마스 바트슨은 이렇게 말했다.

"비범한 사람과 평범한 사람과의 차이점은 에너지이다. 사람을 인격자로 만드는 것은 재능, 훈련, 기회 그리고 주위환경이 아니라 에너지이다."

랄프 왈도 에머슨 역시 이렇게 기록하고 있다.

"세상은 에너지가 넘치는 정력가의 것이다―*The world belongs to the energetic.*"

대성공자는 무한한 에너지를 가지고 있다. 왜냐하면 그들은 에너지를 보충하는 방법을 알기 때문이다.

무한한 에너지를 가질 수 있는 방법은 무엇인가? 이 해답을 얻기 위해 우선 피로의 주된 원인을 살펴보자.

어떤 사람들은 에너지를 축적만 하고 사용하지 않는다. 사람들이 피로를 느끼는 것은 그들이 피곤할까봐 미리 겁을 먹기 때문이다. 그들은 에너지를 활용하지 않는다. 왜냐하면 그들의 축적만 하고 싶은 욕망 때문이다. 그러므로 그들이 피로를 쉬 느끼는 것은 에너지를 활용하지 않기 때문이다. 이것은 신체의 신진대사 원리에 위배되는 것이다.

나는 오늘 아침에 문 밖이 아직 어두울 때 일어났다. 5시에 일어난 것이다. 나는 이렇게 생각했다.

"여보게! 나는 아직 피곤한데. 그리고 잠이 오지 않네."

그 다음 이런 생각이 떠올랐다.

"만약 내가 에너지를 원한다면 침대에서 뛰쳐나와 운동을 해야 한다."

그래서 추리닝을 입고 장거리 달리기 준비를 했다.

곧 작은 산을 넘으면서 계속 뛰었다. 65분간의 달리기를 마치고 집 앞에 도착했다. 온 몸에 뜨거운 열과 정력이 넘치는 것을 느꼈다. 나는 전보다 더 정력이 넘치는 사람이 된 것이다. 나는 에너지를 주었기 때문에 에너지를 다시 받을 수 있었다.

그러므로 이것이 원리이다. 동적인 운동이 에너지를 준다. 당신은 에너지를 활용해야 한다. 정신의학에 의하면 10중 9에 해당하는 피로는 심리적 그리고 감정적인 요인 때문에 생긴다고 한다.

짜증 때문에 피로가 생긴다

사람은 누구나 상반되는 두 가지 필요를 가지고 있다. 하나는 무사안일이고 다른 하나는 자극이다.

문제는 이 두 가지 필요가 상호 투쟁하고 있다는 점이다. 예를 들어 당신이 무사안일만 추구하면 자극이 부족하므로 짜증을 내게 된다. 만약 당신이 최종적인 안일을 추구하면 최종적인 짜증을 면치 못한다. 피로를 일으키는 짜증을 버리는 유일한 길은 자극을 추구하여 모험에 참가하는 일이다. 에너지를 활용하면 더 많은 에너지가 생긴다. 에너지를 주면 당신 속에 더 많은 에너지가 발생하게 된다.

당신은 에너지를 무익하게 소멸할 수가 있다. 만약 소극적인 감정들, 의심, 공포, 염려, 증오심, 자기연민, 그리고 질투심의 조종 하에서 행동한다면 당신은 에너지를 허비하고 있는 자이다. 그렇게 되면 당신에게서는 활기를 찾아보기 힘들다.

당신이 가치 있고 위대한 목적을 위해서 에너지를 소비한다면 에너지가 보충된다. 좋은 일을 달성시키기 위해서 에너지를 사용하면 당신은 더욱 열의를 가진 사람이 된다. 그리고 더 많은 에너지를 가지게 된다. 여기서 우리가 배워야 할 점—위대한 일을 달성하기 위해 에너지를 활용하면 계속적으로 에너지를 보충할 수 있다는 것이다.

꿈이 없기 때문에 피로가 생긴다

꿈을 가지면 에너지가 생긴다. 꿈을 버리면 주야로 피로를 느낄 것이다.

사람이 자기와 남의 문제를 외면할 때, 희생정신을 무시할 때, 이기심을 고집할 때, 주기를 싫어할 때, 안일한 자리만 바랄 때, 무사안일을 좋아할 때, 그들은 무의미한 인간이 된다. 꿈이 없기 때문이다.

꿈을 잃고, 그리고 적당주의로 살고, 실패를 두려워한다면 분명 당신은 에너지가 부족한, 살아 있으나 죽은 송장과 같은 사람이 될 것이다. 영원히 피로를 간직하고 싶다면 꿈을 버려라. 그러나 에너지를 원한다면 꿈을 가지고 성취하도록 노력하라. 그러면 넘치는 에너지가 생길 것이다.

주저 때문에 피로가 생긴다

꿈은 가지고 있으나 결정을 내리지 못하고 망설이는 자가 있다. 주저함은 피로를 일으킨다. 결정하지 못하는 것도 피로를 일으킨다. 과감하게 결정을 내려라. 그러면 에너지가 당신에게 발생할 것이다.

죄책감 때문에 피로가 생긴다

당신은 은밀한 죄를 가지고 있는가? 만약 그렇다면 죄책감을 가지게 된다. 그것 때문에 참된 힘과 에너지를 가지지 못한다. 이것을 기억하라. 정직한 사람이 열심이 있는 사람이 된다. 죄책감은 당신의 열의를 막는다. 열의가 없다면 피로가 생긴다. 그러므로 지금부터 정직한 사람이 되라. 그러면 에너지를 가지게 된다. 사람들이 열심을 갖지 못하는 이유는 무엇인가? 그들이 정직한 자가 아니기 때문이다. 그래서 그들은 말을 조심하는 것이다. 왜냐하면 은밀한 죄가 폭로될까 봐 삼가기 때문이다. 만약 당신이 정직한 자라면 말과 행동에 대해 아무런 제약을 받지 아니할 것이다.

소극적 사고방식 때문에 피로가 생긴다

소극적 사고방식은 공포증, 근심, 화를 일으킨다. 그것은 에너지 발생을 막는다. 그리고 피로를 일으킨다. 반대로 적극적 사고방식은 우리가 꿈을 달성하도록 한다. 그것은 우리에게 에너지를 준다.

어느 날 나는 어떤 회사의 이사회에 참석했다. 초청을 받았기 때문이다. 나는 그 회사의 이사는 아니었다. 나는 5분도 안 되어서 그곳에 참석한 어느 변호사가 아주 소극적인 사람이라는 것을 알았다. 나는 자신도 모르게 그의 소극적인 태도에 짜증과 피로를 느꼈다. 나는 에너지를 낭비하고 싶지 않았기 때문에 그 변호사에게 이렇게 말했다.

"만약에 당신이 열심을 가지고 침착하게 적극적인 말을 한다면 나는 이 회의에 돌아오겠습니다."

나는 이 자리에서 빠져나오고 말았다. 이 소극적인 변호사의 태도 때문에 큰 피로를 느꼈다.

몇 분 후에 다시 이 회의에 돌아왔다. 그리고 변호사가 태도를 바로 하고 정신을 바로 차린 것을 알았다. 그때 나는 그곳에 있던 이사들에게 앞으로의 계획에 대하여 의논하자고 했다. 그들은 곧 활기를 되찾았다. 그들이 아이디어를 발표하자 에너지는 다시 넘쳤다.

그릇된 자세 때문에 피로가 생긴다

에너지의 척도는 나이가 아니라 자세가 좌우한다. 현실 연령보다 정신 연령이 더 중요하다. 연로한 사람이라도 바른 정신을 가진 자는 에너지가 넘치는 법이다. 에너지가 약한 사람들이 이런 말을 한다.

"나도 이제 늙은이라고 생각한다."

나는 그런 의견에 찬성하지 않는다. 나는 젊은 대학생들이 패기 없이 걷는 것을 보았다. 만약 그들에게 흰 가발을 씌웠다면 사람들은 그들이 19살 된 노인이라고 보았을 것이다. 그들은 노인처럼 말하고 노인처럼 느낀다. 나이에도 불구하고 이와 같은 청년은 노인이 되고 만다.

사실 에너지가 왕성한 자와 미약한 자의 차이는 분명하다. 그것은 무엇인가? 그것은 나이가 아니라 자세다.

최근 나는 미국 상원의원 휴버트 험프리 씨가 플로리다 주 마이애미에서 강연할 때 그의 말을 귀담아 들은 적이 있다.

훌륭한 강연이었다. 내가 더욱 감탄한 것은 그는 나이가 60대인데도 불구하고 암을 극복한 후 놀라운 에너지를 가지고 활동한다는 점이다. 나는 그의 말 속에서 이런 결론을 얻을 수 있었다. 에너지는 나이가 아니라 자세가 좌우한다.

무한한 에너지의 열쇠들

무한한 에너지의 열쇠는 두 가지가 있다. 이것만 소유한다면 당신은 대성공자가 될 수 있다.

1. 올바르게 살아라

육체 운동을 하라. 운동하기 싫어도 운동을 하면 에너지가 생긴다. 2마일을 뛰고 나면 에너지가 생긴다. 3마일을 달리면 더 큰 에너지가 생긴다. 4마일을 달린 후에도 더 달릴 수 있는 에너지가 당신에게 있는 법이다. 몸을 단련시키기 위해서 대가를 지불하지 않으면 그와 같은 에너지가 생기지 않는다.

2. 올바르게 사랑하라

사랑은 에너지를 발생시키는 힘이다. 당신이 사람들을 진실로 사랑할 때 당신은 그들에게 격려해 주려고 할 것이다. 그리고 그들에게 도움을 주려고 할 것이다. 고통 받은 사람들을 돕기 위한 계획을 세울 것이다. 이 속에서 에너지가 생긴다. 당신은 문제를 가진 자들을 생각해 보라. 그리고 그들에게 도움을 주려고 노력하라. 당신은 이제 과거와 다른 새로운 사람임을 알게 된다.

당신이 전심전력을 쏟을 수 있는 좋은 길을 찾아서 헌신하라. 그러면 고차원적인 에너지를 가지게 된다.

10

배 짱 있 게
살아갈 용기

경쟁의 대상은
자신이다

경쟁의 대상은 남이 아니다. 바로 자기 자신이다.
자기의 정복자가 되라.
할 수 없다고 생각하는 사람은 경쟁을 위협으로 보지만
할 수 있다고 생각하는 사람은 도전으로 본다.

경쟁의 대상은 자신이다

당신은 경쟁에 대하여 어떤 자세로 대처하고 있는가? 경쟁을 성공적으로 처리하는 방법을 알아야만 대성공자가 될 수 있다. 대성공자들에게서 배워야 할 중요한 사실은 경쟁을 창조적으로 대처하는 방법이다. 한 개인의 인생은 지위고하를 막론하고 성공했던, 실패했던, 대망이 있던, 없던 간에 그가 경쟁을 어떻게 대하느냐에 달려 있다.

다음과 같은 상황에 주의를 기울여라.
- 할 수 있다고 생각하는 사람은 경쟁을 자극으로 본다.
- 할 수 없다고 생각하는 사람은 경쟁을 긴장으로 본다.
- 할 수 있다고 생각하는 사람은 경쟁을 도전으로 본다.
- 할 수 없다고 생각하는 사람은 경쟁을 위협으로 본다.
- 할 수 있다고 생각하는 사람은 경쟁을 경쟁자들보다 큰 생각으로 대하는 경향이 있다.

- 할 수 없다고 생각하는 사람은 가능하면 행동을 하지 않고 회피하는 경향이 있다.

경쟁에 대한 당신의 반응이 당신의 전도를 좌우한다는 말은 사실이다. 할 수 없다고 생각하는 사람은 경쟁을 겁낸다.

그러나 대성공자들은 도전을 환영한다.

옷가게를 경영하던 어떤 사업가는 어느 날 체인 스토아의 등장으로 자기 상점의 판매에 위협을 당하게 됐다. 경쟁자는 자기 상점의 주위의 모든 땅을 사버렸다. 그러나 이 작은 사업가는 자기 땅을 팔지 않았다.

그때 경쟁자는 이렇게 말했다.

"좋아. 당신의 상점 주위에 체인 스토아를 건립하여 사업을 중단하도록 하겠다."

드디어 그의 작은 옷가게 양쪽에 새 백화점이 완공된 것을 보았다. 이제 경쟁자는 개업을 한 것이다. 그리고 새 백화점에는 다음과 같은 광고 선전이 붙게 되었다. '개업기념 대 매출' 그때 이 사업가는 적극적으로 대처했다. 그는 자기의 상점 이곳저곳에 이런 선전을 써 붙였다. '여기가 대 매출장의 입구입니다'.

경쟁에 대한 반응이 우리의 생애, 인격, 그리고 대인관계를 좌우한다. 경쟁에 대한 우리의 반응이 친구, 꿈, 정력을 좌우한다. 한마디로 말해서 그것이 우리를 즐거움의 사람이 아니면 슬픔의 사람으로 변화시키는 것이다.

당신은 어떻게 컨트롤하는가? 어린 시절을 한번 돌이켜 보자. 아이가 세상에 태어날 때 자연적으로 생존을 위해서 한 경쟁자가 된다. 아이는 실제로 죽음 때문에 경쟁을 한다. 그리고 처음 고통의 울음소리로 도움을 청한다. 아이는 한 해 동안 자기의 생존을 위협하는 주위환경과 경쟁을 한다.

경쟁은 끝이 없다. 아이가 성장함에 따라 경쟁의 경험을 얻는다. 그 다음 막 걷기 시작한 아이가 되면 장난감과 인형을 가지겠다고 귀찮게 요구하는 버릇을 가진다.

아이가 2살에서 3살이 되면 주위에서 아버지와 어머니라고 하는 큰 남자와 여자가 존재한다는 것을 의식하게 된다.

이제는 새로운 차원의 경쟁에 대하여 반응을 나타낸다. 그가 이때 주위의 경쟁자들에게 나타내는 반응이 중요한 것이다. 왜냐하면 앞으로 발생할 모든 경우도 그와 같은 반응으로 대처할 것이기 때문이다.

4살 난 아이가 저녁 식탁에 앉아서 어머니에게 시끄럽게 재잘거리고 있다. 그때 마침 아버지가 직장에서 귀가한다. 그리고 어머니에게 무슨 말을 하려고 한다. 그래서 아이에게 이렇게 말한다.

"얘, 조용히 해라. 그래야 내가 말할 수 있지 않니."

혹은 성급하게 퉁명스런 말투로,

"입 닥쳐! 엄마에게 할 말이 있어!"

이런 경우 어떤 일이 일어나겠는가? 어린 아이는 이때 경쟁을 의식하게 되는 것이다.

경쟁을 두려워하는 아이는 즉시 여러 가지 대응책이 있다는 것을 느꼈다. 그중에 하나가 다음과 같이 말하는 소심하고 겁 많은 사람이 되는 것이다.

"언제나 누군가가 나에게 '입 닥쳐'라고 말한다. 그래서 나는 그렇게 한다!"

또 다른 면으로는 성공을 위해서 노력할 필요가 없다고 생각한다. 왜냐하면 성공은 경쟁을 요구하기 때문이다. 반대로 이 아이는 결심을 하고 경쟁에 대해서 적극적인 반응을 나타낼 수 있다. 바로 이때 적극적인 생활방식이 정립되는 것이다.

아이가 학교 갈 시기가 되면 다시 경쟁을 의식한다. 학우와 친구들과의 경쟁뿐만 아니라 선생님의 주목을 끌기 위해서라도 경쟁을 해야 한다. 이때에 가정에서는 아이를 애정으로 잘 보살펴야 한다.

아이가 사춘기에 접어들면 더욱 경쟁의식을 느낀다. 왜냐하면 이때의 젊은이들은 자기의 개성을 실감하기 때문이다. 그리고 성숙이 바로 독립정신을 가진 상태라고 보기 때문이다. 이때도 역시 그는 경쟁적인 세상을 두려워할 수도 있다. 경쟁을 겁내는 십대는 어떻게 되는가? 안전만을 추구한다. 그리고 순응주의자가 된다. 이런 경우 순응이란 바로 도피를 의미한다.

당신은 경쟁을 어떻게 처리하는가? 심리학적인 원칙과 실제 생활 속에서 해결책을 발견할 수 있다. 어떤 심리학자들은 경쟁이 중요하다고 본다. 그것이 인생의 의미를 더 실감할 수 있게 한다고 주장한다. 긴장은 창조적으로 이용할 수가 있다. 그것은 원동력으로 전환시킬 수 있기 때문이다. 이것은 심리적인 분석이다.

경쟁에 대한 자세가 경제조직을 실제로 좌우한다. 오늘날엔 경쟁이 해롭다는 주장을 내세우는 경쟁론학설이 있다. 왜냐하면 그것 때문에 사람들은 정신적으로 지치고 의욕을 상실한다는 것이다. 이 이론에 의하면 시장에서 경쟁을 없애면 모든 사람을 공평하게 대우할 수 있다고 한다.

반대로 미국이 주장하는 경제이론은 경쟁은 절대적이며 만약 경쟁을 창조적으로, 적극적으로 대처하면 그것은 위협이 아니라 힘찬 도전으로 변한다는 것이다. 그것 때문에 평범한 사람이 위대하고 비범한 사람으로 변한다. 그것은 추진력, 에너지, 야망 그리고 열심을 일으킨다. 만약 예수 그리스도의 정신으로 우리의 경쟁을 조종한다면 우리는 모든 사람들 속에 도움을 주기 때문에 대성공을 거두게 된다.

그러나 우리는 미국의 유수한 회사에 근무하는 부사장처럼 갑자기 박력과 야망을 잃어버릴 수가 있다. 그는 나에게 말하기를 자기가 그것을 잃어버린 이유를 알 수 없다고 했다. 그러나 알고 보니 그 회사에 입사한 지도력이 대단한 젊은 간부직원 때문이라는 것을 알았다. 그래서 그는 수석간부 혹은 회장이 되지 못할까봐 두려움을 느꼈던 것이다. 예상되는 실패를 방지하기 위해 경쟁에 대해서 여러 가지 반응을 보인 것이다. 결국 그는,

"좋다. 나는 투쟁하는 힘을 낭비하고 싶지 않다. 그러므로 은퇴를

해야겠다."

그는 도리를 택했던 것이다. 그는 예상되는 실패가 무서웠기 때문에 경쟁을 회피했던 것이다. 그는 자기의 상처받은 자아를 이런 말로 위로하면서 회사를 떠났던 것이다.

"좌우간 나는 회사의 부사장까지 올랐던 사람이다."

그는 엄격히 말해 실패자였던 것이다. 왜냐하면 경쟁을 도전이 아니라 위협으로 보았기 때문이다. 당신은 경쟁을 어떻게 조종하는가? 사람들은 다음과 같은 소극적 자세로 경쟁을 대하고 있다.

1. 기피한다

"나는 경쟁적인 모든 상황을 피할 것이다."

당신도 그렇게 할 수 있다. 그러나 기피하기만 하면 인생의 절반만 살게 된다. 경주장에 나가서 달리지 않는다면 당신은 실패자가 되지 않을 것이다. 다시 말해서 인생의 경주장에 나가서 달리지 않는다면 성공자가 될 수 없다는 것이다.

2. 위협적인 경험으로 본다

경쟁을 위협으로 본다면 당신은 나약한 인간이 된다. 질투심을 가지고 경험을 대처하면 당신은 경쟁의 희생자가 될 것이다. 당신이 경험을 위협으로 보는 나약한 인간이라면 오해와 증오감으로 경쟁을 대할 것이다.

3. 개성이 묵살된다

독특한 개성이 없다면 남의 강압이나 체면에 조종당하는 허수아비에 불과하다. 개성이 없는 당신은 절대로 자유인이 될 수 없다. 당신은 많은 성공자들의 희생물이 될 것이다. 그것이 모든 사람들이 싫어하는 실패이다.

적극적으로 경쟁하는 법

자기가 자신을 경쟁대상으로 본다면 실패자가 될 수 없다. 지난해의 업적에 대해서 경쟁하라. 원대한 희망을 가진 젊은 목사들에게 나는 이런 충고를 주고 싶다. 사람이 밀집되어 있는 장소를 찾아라. 매년 지난해보다 더 많은 업적을 쌓아라. 그러면 20년 내에 당신은 당신의 업적을 보고 놀랄 것이다. 이렇게 하면 소극적 감정들—질투, 비명, 불평 때문에 에너지를 낭비하지 않고 당신의 잠재능력 개발을 위해서 이용하게 된다는 사실을 알게 될 것이다.

그러므로 경쟁의 대상은 남이 아니다. 자기 자신이다. 신속히 일을 처리하라. 높은 목표를 향하여 뛰어라. 자기의 정복자가 되어라. 이렇게 하면 경쟁이 생길 때 이성을 잃거나 무조건 반대하거나 또는 소극적인 반응을 나타내지 않게 될 것이다.

경쟁을 통해서 신은 당신에게 어떠한 신호를 보낸다. 당신이 정성, 인정, 애정, 음식, 물질의 필요성을 더 느낄 때 더 많이 각오해야 한다. 그러므로 무엇보다도 중요한 것은 할 수 있다는 사고방식을 가지고 경쟁을 대하라.

경쟁을 환영하라. 긴장이 없이는 유익도 없다. 성장을 위한 긴장을 주시는 신께 감사하라. 당신의 마음속에 항상 신의 정신을 품으라. 그리고 경쟁을 적대시하지 말고 자존심을 강화시키는 친구처럼 생각하라. 성공이란 자기 자신과 남에게 봉사를 통해서 자존심을 심어 주는 것이라는 사실을 기억하라. 신의 정신을 가지고 당신이 추진력과 야망을 조종한다면 당신은 사람들에게 도움을 주는 자가 될 것이다. 그러므로 당신의 가장 큰 경쟁자는 남이 아니라 당신 자신이라는 것을 알라.

자신감은 산을 옮긴다

1세기 전에 존 노블링은 놀라운 아이디어를 가지게 되었다. 그는 맨해튼 섬과 브룩클린을 연결하기 위해 동부강 위에 사장교(斜張橋)를 건설할 수 있다고 믿었다. 1841년에 노블링이 쇠줄을 발명한 후 사장교는 이제 겨우 소개 단계에 지나지 않았던 것이다. 그러나 기술이 약한 그 당시로서는 강한 바람과 계절의 압력을 지탱할 수 있는 총연장 1595피트에 달하는 다리를 건설할 수 있다는 사실을 믿는 자는 별로 많지 않았다. 과거에는 그러한 일들이 없었기 때문이었다.

노블링은 자신감에 차 있었다.

그리고 1969년 세계에서 가장 긴 다리를 건설하는데 그는 건설 본부의 수석 엔지니어로 발탁되었다. 1869년 작업이 시작된 후 얼마 안 되어 어느 여객선이 그가 서 있던 말뚝을 들이받는 바람에 사고를 당해 발에 부상을 입었다.

여러 개의 발가락을 절단했는데도 불구하고 그는 얼마 후 파상풍(破傷風) 때문에 사망했다.

그러나 꿈은 사라지지 않았다. 노블링에게는 한 아들이 있었는데 이름은 워싱턴이었다. 아버지의 불상사가 있기 2년 전에 그는 압축공기를 가득 실은 잠수함을 이용하여 물속에다 기초공사를 하는 새 공법의 기술을 배우기 위해서 유럽으로 갔던 것이다. 이 방법은 그의 아버지께서 브룩클린 다리를 건설할 때 이용되기를 원했던 것이다. 아버지께서 돌아가신 후 청년 워싱턴은 수석 엔지니어가 되었다. 수년 동안 기술적인 건설 절차를 지휘한 것이다. 1872년 봄에 그는 압축공기실에서 약 12시간의 일을 마친 후 거의 무의식 상태가 되어 밖으로 나왔다. 그는 잠수함의 고압작업을 지휘하느라고 너무 많은 시간을 보냈기 때문이다.

그의 건강은 다시 회복할 수 없는 최악의 상태가 되었다.

다시는 다리 건축 광경을 가까이서 지켜 볼 수 없는 안타까운 처지가 됐다.

그때부터 그는 브룩클린에 있는 집 창문에 앉아 망원경을 통해서 다리 건축 광경을 관찰했던 것이다.

압축공기실에서 당한 사고의 충격으로 말을 할 수 없는 사람이 되었기 때문에 의사를 전달할 수 있는 암호를 개발하여 의사를 소통하는 도구로 이용했던 것이다. 그가 아내의 팔에다 손가락 하나를 얹으면 아내는 그의 뜻을 알았다. 그런 식으로 자기의 뜻을 전달한 것이다.

그 다음 그녀는 남편의 지시대로 건설현장의 엔지니어들에게 전달했던 것이다. 그는 과거 11년 동안 이런 식으로 다리 건설을 지휘했던 것이다.

믿기 어려운 사실이다! 그러나 브룩클린 다리는 이런 식으로 건설된 것이다.

마침내 다리가 준공되었을 때 워싱턴 노블링은 준공식 광경을 그의 침실에서 망원경으로 창문을 통해서 조용히 지켜보았다.

그는 말을 할 수가 없었다.

그리고 웃을 수도 없었다.

그러나 그는 울 수는 있었다. 그는 기쁨의 눈물을 한없이 흘렸던 것이다.

어떤 사람은 그것을 초지일관(初志一貫)이라고 말한다. 다른 사람들은 그것을 결심이라고 말한다. 나는 그것을 자신감이라고 본다.

우리는 『폭풍의 날씨』란 노래를 불러 세계적인 가수가 된 에텔 워터스를 안다. 어떤 면으로 보아도 그는 비참한 환경에서 태어났다. 어머니가 강간을 당했는데 불행하게도 임신이 되어 태어난 아이가 바로 에텔 워터스였다. 불법적으로 태어나 빈민굴에서 자라나야 했다. 그럼에도 불구하고 그녀는 숱한 고난을 극복하고 남다른 성공자가 된 것이다. 그녀는 지상에서 가장 아름다운 정신을 가진 한 인간이 된 것이다. 빈민굴 출신인 그녀가 어떻게 이와 같은 고상한 정신을 소유하게 되었을까?

에틸 워터스를 축복하기 위해서 헐리웃의 명사들이 모인 그날 밤을 나는 오래도록 기억할 것이다. 별빛도 찬란한 아름다운 밤이었다. 거기 모인 사람들에게 공개적으로 이런 말을 했다.

"나는 예수님을 마음속에 모시고 살기 때문에 매일 기쁨의 생활을 합니다."

나는 그날 밤 그의 연기, 노래 그리고 그녀 특유의 설교를 듣고 이런 생각을 했다. 정서적으로 가장 건전한 사람을 선발하는 대회가 세계적으로 열린다면 에틸 워터스가 상을 받을 것이다. 그녀는 웃을 줄 안다. 그녀는 큰 포부와 위대한 정신의 소유자이다. 그녀는 활기가 있다.

그녀는 어린 시절 너무나 많은 상처를 받았기 때문에 감정을 넣어 『폭풍의 날씨』에 관한 노래를 부른 것은 당연하다. 그날 밤에도 그 노래를 불러달라고 부탁했다. 그때 그녀는 이렇게 말했다.

"거절해야 하겠습니다. 나는 앞으로 다시는 『폭풍의 날씨』 노래를 부르지 않겠습니다. 나는 부를 수가 없습니다! 나는 이제 더 이상 폭풍의 날씨와 같은 인생을 살아가지 않기 때문입니다. 나는 마음의 평화를 누리고 있습니다. 왜냐하면 예수님이 내 인생 속에 지금 계시기 때문입니다."

그 자신감! 놀라운 자신감! 에틸 워터스는 그 방법을 발견한 것이다.

실패는 당신 자신이 만든다

이제 당신이 왜 실패하는가를 살펴보자. 당신이 실패하는 이유는 고의적으로, 자발적으로, 실패를 선택했기 때문이다. 또한 성공할 수 있다는 것을 믿지 않기 때문이다. 당신은 자신감 부족으로 인해서 당신 자신을 성나게 하므로 대인관계를 원만하게 처리하지 못하게 한다. 그리고 이와 같은 불안은 첫째로 경계심을 유발하고 다음에는 적개심의 행동을 일으키며 결국에는 좌절감과 실패를 안겨 준다.

소극적인 자기 이미지의 원인과 치료

사람들에게 자신감이 부족한 진정한 이유는 무엇인가? 신학자들의 학설에 의하면 죄의 핵심은 하나님에 대한 반항이라고 한다. 하여튼 그것은 사실이다. 그것들은 우리들의 선한 목표에 도달하지 못하게 한다. 더 의미 있는 질문은 왜 사람이 아름다운 하나님께 반항하느냐 하는 것이다. 그 해답은 인간은 누구나 소극적 자기 이미지를 가지고 태어나기 때문이다. 예를 들어 말하면 인간은 불신과 실패에 대한 공포증을 가지고 태어나는 것이다. 그러므로 우리는 반항하는 정신을 가지고 있다. 지나친 경계심을 가지고 모든 일을 대하는 것이다.

　에릭 에릭슨은 이 과정에서 소극적 자기 이미지와 경계심이 어떻게 작용하느냐에 대하여 다음과 같이 설명했다.

　그는 말하기를 갓 태어난 아기는 신뢰도가 약하다. 자기 계발의 첫 단계, 즉 태어날 때부터 한 살이 되기까지 신뢰의 경험을 배우기 시작한다.

첫째 단계로서 그는 출생의 경험을 통과한다─불신상태에서 신뢰상태로 돌아온 것이다. 그리고 감미로운 어루만짐, 목욕, 영양공급, 정성된 보살핌을 통해서 아기는 요란하고 색채가 다양한 이 세상이 그렇게 겁나는 곳이 아니라는 사실을 배우게 된다.

둘째 단계로서, 즉 2살이 되기까지 아기의 기초적인 신뢰는 자신감으로 변한다. 아기는 누운 위치를 바꾸기도 하며 기어 다니기도 배운다. 그리고 얼마 후에는 자기도 스스로 일어설 수 있다는 것도 알게 된다. 이제 그는 수평적 차원에서 수직적 차원을 체험하게 된다. 그는 자기의 훌륭함을 깨닫는 것이다.

셋째로 성장 단계에서 개성을 경험하게 된다. 그리고 자기에게 선별의 능력이 있다는 것을 발견한다. 즉, 결정할 수 있는 능력이 있다는 것을 알게 된다. 그리고 그는 성취하면 역시 보상이 있다는 것을 배운다. 성취를 계속하다 보면 자존심을 발견한다. 그는 시작한다. 그리고 실패하기도 한다. 다시 시작한다. 그리고 결국 많은 교훈을 얻는 것이다. 그래서 정서적으로 나약한 신뢰상태에서 강력한 신뢰상태로 변모되어 결국 자신감을 소유하게 된다.

그 다음 단계에서는 어떤 불행한 일이 생길 수도 있다. 이 나약한 자신감은 상처를 입어 만발한 꽃이 되지 못할 경우가 있다. "조심하라. 상처를 입을지도 모른다"는 말은 자라나는 사람에게 자칫 불신을 심어줄 수도 있다. 이러한 충고를 듣는 순간 사춘기의 청소년들이나 성인을 막론하고 자기도 모르게 자신감이 사라지기 시작한다.

자신감은 실패의 두려움 때문에 사라진다—자신감의 부족 때문에 실패의 두려움이 생기는 것이다. 이것은 바로 실패를 바라는 욕망이다. 예를 들면 '시작하지 않으면 실패하지 않을 것이다.' 벤치의 제일 마지막에 앉아 있으면 코치가 나를 볼 수 없기 때문에 나는 볼을 치지 않을 것이고 그렇게 되면 아웃당하지도 않을 것이다.

그러므로 불신과 실패의 두려움 같은 소극적인 자기 이미지 때문에 사람들은 실패하는 것이다. 우리가 실패를 선택하는 이유는 담대하게 성공하려고 시도하지 않기 때문이다. 그러므로 실패하는 이유는 우리가 실패를 선택했기 때문이다. 실패는 계획적인 노력의 부산물이라는 말은 이런 이유에서 하는 말이다.

실패에 대한 치료

우리의 생활 속에 뿌리를 깊이 내리고 있는 불신풍조를 치료하는 방법은 무엇인가? 그 방법을 말하겠다. 진실로 바란다면 하나님께 당신의 인생을 안내하여 달라고 부탁하라. 그러면 그는 당신에게 새로운 이미지를 통해서 가능성을 보여주시고 또한 새롭고 고무적인 아이디어를 주신다는 것을 믿어라. 그리고 당신의 자신을 믿고 출발하라.

어느 곡예사가 나이아가라 폭포 위에 튼튼한 줄을 매어놓고 선전하기를 줄 위에서 이쪽저쪽을 왕복하겠다고 말했다. 이 선전에 많은 군중이 운집했다. 그리고 그가 아슬아슬한 묘기를 연출할 때 많은 사람들은 우레와 같은 박수갈채를 보냈다. 그것은 불가능하다고 말했던 사람들도 이제는 가능하다고 믿게 되었다. 그 다음 그는 외바퀴 손수레로 다시 전과 같은 묘기를 보였다. 그때 군중들은 다시 아낌없는 갈채를 보냈다. 그리고 그는 군중을 향해 이렇게 말했다.

"자, 여러분 중에 외바퀴 손수레를 타보신 분 있습니까? 자원하십시오."

그 묘기에 감탄하여 박수갈채를 보냈던 사람들이 모두 뒤로 물러났다. 잠시 침묵이 흘렀다. 그러나 어느 어린 소녀가 앞으로 나오면서 이렇게 말했다.

"내가 당신과 외바퀴 손수레를 타겠습니다."

그리고 그 소녀는 묘기를 보였다.

그때 어떤 사람이 이렇게 말했다.

"그것은 당연하다. 왜냐하면 그 소녀는 그를 신뢰했기 때문이다. 그는 그녀의 아버지인 것이다."

자, 이것이 곧 신뢰이다—남다른 성공을 진실로 갈망한다면 이러한 신뢰를 가져야 한다. 하나님의 안내, 방향제시, 지혜, 놀라운 힘, 그리고 보호를 거절하면 인생을 살아가는 동안 당신은 불안한 사람이 될 것이다. 이러한 신뢰를 가지는 방법은 무엇인가? 다음과 같은 확신으로 살아가라.

"나는 변화된 사람이다. 나는 신의 특별한 아이디어에 의해서 창조되었다. 나는 세상 사람들에게 내가 할 수 있는 모든 일과 내가 얼마나 아름다운 인간인가를 보여줘야 한다."

신께 당신의 인생을 온전히 맡기고 신뢰하면 넘치는 자신감이 우러날 것이다. 그러면 그는 당신에게 더 적극적인 자기 이미지를 부여할 것이다. 그리고 당신의 마음속에는 적극적인 아이디어들이 자연히 발생할 것이다. 세상에 가장 강한 힘은 신과 통해하고 그를 신뢰하는 담대히 믿는 자의 자신감 속에 있는 적극적인 아이디어인 것이다.

신을 신뢰하라. 당신 자신을 믿어라. 그리고 꿈을 가져라. 당신의 장래를 그의 손에 맡겨라.

당신은 이런 말을 기억할 것이다.

"나는 믿기 전에 보아야 한다!"

그러나 진리는 다른 길이다.

"나는 보기 전에 믿어야 한다!"

당신도 그렇게 믿어라. 그러면 당신은 대성공자가 될 수 있을 것이다.

이것을 확신하라. 진정으로 바란다면 신께 당신의 인생을 안내해 줄 것을 성실하게 부탁하라. 그러면 그는 당신에게 놀라운 가능성을 전개시키고 '새로운 이미지' 또한 고무적인 아이디어를 주실 것이다. 지금 아이디어를 믿어라. 그리고 당신 자신을 믿어라.

"현재의 당신, 과거의 당신, 그리고 장래의 당신을 혼돈하지 말라!"

과거의 당신은 신의 안내, 방향제시, 지혜, 놀라운 힘 그리고 보호를 거부했기 때문에 불안정한 사람처럼 살았을 것이다. 그러한 상황 속에서 당신은 자연히 근심과 걱정을 가지고 지내왔을 것이다. 그리고 자신감의 결핍을 실감했을 것이다. 여기서는 과거의 당신을 한번 회고해 본 것이다.

지금까지 이 책을 읽었다면 당신은 이미 변화된 사람인 것이다. 그리고 세상 사람들은 당신이 할 수 있는 위대한 일들과 당신이 얼마나 아름다운 인간인가를 보고 싶어 한다는 것을 잊지 말라.

11

배 짱 있 게
살아갈 용기

다이아몬드와 흙

인간들은 하나의 다이아몬드를 캐기 위해 수천 톤의 흙을 파는 광부의 원리를 잊고
자칫 염세주의자가 된다.
인생에는 다이아몬드보다 흙이 너무 많다.
고난이 오면 부정적인 생각에 놀라지 말고 긍정적인 것을 찾아 캐내어라.

다이아몬드와 흙

위기를 효과 있게 대처하려면 어떻게 해야 하나. 즉 대결하는 방법뿐이다. 다른 길은 어떤 길이든지, 타협이며, 도피이고 편법이다. 이런 길은 필연적으로 패배한다. 재앙은 당신이 등을 돌린다고 하여 비켜가는 것은 아니다. 역사의 기록을 볼 때 대담하고 신속하게 그리고 전력투구하여 위기에 대처하여 승리한 예는 부지기수다. 이런 결단은 자연스런 용맹성에서 나온다고 사람들은 통속적으로 믿고 있다. 이것은 절대로 그렇지 않다는 것이 연구 결과 나타났다. 실패는, 성공도 종종 그렇지만 생각 없이 돌진하는 데서 온다. 영웅은 충동에서 행동하는 것이 아니다. 영웅은 때를 준비한다.

괴테는 천재를 "고통을 감수할 수 있는 무한한 능력"이라고 정의를 내렸다. 나는 우연히 성공한 사람의 위대성을 의심했다. 인간은 우연한 기회포착으로 승리하는 것이 아니다.

한니발은 피레네 뒷산으로 로마를 쳐들어갔기 때문에 용감하지 않은가? 그가 장비를 코끼리에 싣고 로마를 친다는 것은 역사적으로 패배가 자명한 것이다. 그러나 한니발의 기발한 계획, 시기포착, 결단력 등은 영웅으로서 그를 과소평가 할 수 없다.

기술로 세계를 지배하는 오늘날, 기계의 위대성—기계발명자인 인간의 두뇌를 다시 인식해야 한다. 우리는 인간의 능력을 다시금 확신하고, 미래의 정복자로서 어떻게 훈련을 받아야 하는가를 알아야 한다.

당신은 어떤 기술이 있는지 자문해 보았는가? 당신이 자동차 사고를 당했다고 가정하자. 지나가던 자동차에서 어떤 부인이 내려서 당신을 간호했다. 그녀는 간호사였다. 그녀는 당신의 상처를 신속하게 치료했다. 그녀는 침착하게 상처를 살핀 후 고칠 수 있다는 확신을 가지고 돌보기 시작한 것이다. 그녀가 당신을 치료한 것이 우연한 소치만은 아니다. 그녀는 간호사의 자격과 치료할 수 있는 기술을 가지고 있기에 당신에게 봉사하게 된 것이다. 이처럼 당신도 당신의 재능을 인식하고 힘을 발휘하여 그 재능을 사용하고 당신의 상상력을 명료하게 하고 당신의 판단력을 발견하고, 그것을 이용할 때, 당신 자신이 성장하여 봉사를 할 수 있는 것이다.

이런 이타주의(利他主義)는 자기희생이 아니다. 이것은 자기를 사용하는 것이다. "자기의 목숨을 잃으려 하는 자는 생명을 얻는다"는 유명한 말의 참 뜻은 나태하게 자신의 힘을 무의미한 일에 허비하라는 것이 아니다. 덕은 선함 그 자체에 있는 것이 아니고, 선을 행하려고 하는 의지에 있다. 또 끊임없이 봉사만 하려는 것도 나약함 외에 아무 것도 아니다.

당신은 친절을 베풀면서 맛없는 인간이 될 수 없다. 그렇다면 삶의 철학은 당신의 힘을 발견하는데 있다. 또한 힘을 유지하는데 있다. 또한 힘을 어떻게 다스리느냐 하는 것을 발견하는데 있다. 삶의 철학은 우리가 배워야할 과제이다. 이 수업은 우리가 욕망을 울음으로 나타내던 어릴 때부터 시작한다. 우리가 처음으로 인식하는 감정은 배고프다는 것과 추위를 느끼는 것이다.

우리는 위로를 구하고 있다. 부모와 가정의 도움을 의식한 '자신'은 위안을 요구하는 말을 한다. 이것은 우리가 성장해서 우리 스스로 모든 일을 수행할 때까지 정당하다. 그 다음 자신을 다른 자아의 요구에 맞추어 조정해나가는 긴 과제가 시작되는 것이다.

세계에 대한 자신의 적응문제는 진보의 문제이다. 짜증을 내는 어린아이처럼 우리는 작은 자아를 지배하게 되는데, 우리 모두에게 어느 정도 가능하며, 또 미래의 목표를 위해서는 어느 정도 가능한가 그 척도를 발견하는데 우리의 행복이 있다는 것을 깨달을 때까지 작은 자아를 지배한다.

위기를 대처하기 위한 몇 가지 방법

1. 생각을 중단하고 행동으로 옮겨라. 자신의 정복을 위한 도구로 만

들어라.

2. 당신의 예지는 단지 한 가지 목적, 즉 사용하기 위해서 주어진 것이다. 모든 인생의 가장 큰 비밀은 다음의 한 문장 속에 들어 있다. 너의 마음의 소리를 경청하기를 배워라. 행동을 방해하는 편견과 생각을 과거에 집착하지 말고 모두 던져 버려라. 지혜는 현재의 사실에 대한 새로운 사상에 있는 것이다. 즉, 현재를 보고 듣고 접촉하고 계산하는 중에 지혜가 생긴다. 우리들은 종종 오늘의 이 상황만 바뀌면 기적을 이룰 수 있는데 하는 안타까운 마음을 가질 것이다. 사실은 오늘 우리들의 인격적인 결함만 포기한다면, 또한 어떤 병적인 이기주의만 던져 버린다면 성공하게 된다. 위기에 대처하는 것은 자신 내부에서부터 시작하는 것이다.

우리는 마음의 문을 열어 놓으라는 경고를 많이 받는다. 융통성이 없는 문자주의자들에게는 바람소리나 꽃이 피는 현상은 단순히 그 현상에 불과하며, 그들의 마음에는 이런 현상들의 진정한 의미가 닫혀 있다. 그들은 비실제적인 것에서부터 실제적인 것에 이르기까지 의미를 읽을 줄 모른다.

수많은 사실들에 대해서 사람들은 안내를 요구하고 있다.

모든 사실에는 이기주의자들이 볼 수 없는 표시로 가득 차 있다. 당신이 변화되고 있는 사물들을 대할 때 자만을 벗어던져라. 현대과학은 관습이나 자만보다 더 좋은 앞을 내다보는 지혜를 갈고 닦고 있다.

이것이 오늘날의 냉소주의적인 청년들이 보아야 될 요점인 것이다. 삶의 기본철학으로 알아야 될 일을 인간이 알지 못하는 것이 많이 있다.

조정은 실제 와서 접촉해야 한다. 당신은 인생을 조사하고 연구해야만 한다. 그러므로 눈에 보이는 사물만 관계하는 사람은 인생을 똑바로 볼 수 없는 것이다. 사실만 볼 줄 알고 그 사실의 의미를 보지 못하는 사람이 가장 어리석은 사람이다.

원인을 발견하는 사람은 그 결과를 지배한다. 진실은 사실에만 있는 것이 아니고, 이 사실의 선향, 흐름, 동작, 전개에 있다. 생명은 결코 조용히 정지된 것이 아니다. 어제가 변해서 오늘이 되었고, 동기는 활동과 함께 작용하는 것이다. 성공은 당신이 이런 동적인 흐름에 어떻게 대처하느냐에 좌우된다.

옛 선조들은 행동하기 전에 사고하라고 가르쳤다. 우리는 덧붙여서 "생각하기 전에 느끼라"고 말하고자 한다. 정서가 없는 지혜는 공허한 힘이다. 당신은 수 년 동안 이런 정서 없는 많은 이론을 사색할 수 있었다. 성공하는 사람은 먼저 행동부터 옮긴다. 정열은 기사들의 목적이다.

사람들은 목적 없이 살다가 죽어가고 또는 부유해지는 사람들도 있다. 진보의 과정에 대해서 목적 없이 지껄이는 사람들이 많다. 그들 중에 합류하지 말고, 어떤 일에서나 느끼고 깨달아라. 감정 없는 동작은 없다. 행동과 열정은 하나이며 같은 것이다.

당신의 상황에 대해서 무엇 때문에 분노하고 있는가? 당신의 마음을 분노케 하는 걸 골라서 집중 공격하라. 그러나 성숙된 정열에서 솟아나는, 조용한 것을 터득해라. 어린이와 같은 기질은 소리치고, 침을 튀기며, 말하고 싸운다. 매우 발전된 격노는 죽음처럼 조용하며, 싸울 충동도 느끼지 않는다. 단지 계산한다. 말도 거의 없고 할 일만 찾는다. 당신의 분노를 남용하지 말고 잘 사용하라. 판단과 지혜로서 분노심을 이끌어라. 그러나 분노하는 목소리는 들어라. 분노는 어느 곳에서 분노의 문을 닫아야 하며, 또 어떻게 분노를 붙잡아야 하는가를 기질이 알기 때문이다.

인간은 누구나 그의 가슴에 영웅적인 기질과 겁쟁이와 같은 옹졸한 기질이 있다. 인간은 이 두 기질과 자신을 일체화시킬 수 있다. 사람의 인격은 교제하는 친구들에 의해서 알려지며, 그가 미워하는 사물에 대한 사랑으로 표현된다. 당신의 분노를 겁쟁이 기질의 반대방향으로 돌려라. 그러면 용기가 따라 온다.

어떤 경우든지 집단과 전쟁하지 말라. 강한 사람은 조용히 듣고 돌과 같은 위엄과 얼음과 같은 냉정함으로 자신의 감정을 억제하고 있다. 조용하고 신중한 행동은 즐거움과 웃음을 잃지 않는다.

어떤 사람은 몇 시간씩 깊은 생각에 빠져서 우둔할 정도로 심사숙고하는데, 이것은 순전히 속임수다. 가짜 천재는 괴상한 짓으로 자기가 지혜 있는 체한다. 진실하다고 판단할 때는 빛처럼 민첩하게 행동하는 것이다. 전광석화처럼 몸을 던져서 활동하는 것이다. 시간을 초로 맞추어서 활동하라. 멍청한 성인은 노망한 사람들이다.

당신의 몸을 날렵하고 아주 재치 있게 사용하라. 당신의 문제가 심각할수록 행동함이 필요하다. 앉아서 생각하지 말고 일어나 걸어라. 팔을 뻗고 호흡을 한 뒤 활발하게 움직여라. 자동차가 언덕을 올라갈 때는 가스가 더 많이 필요한 것처럼 생각을 어렵게 할 때, 두뇌에는 피가 더 많이 필요하게 된다. 훌륭한 이성은 기계와 같은 것이다. 그러므로 다른 사람들의 생각이나 어리석은 거짓말은 잊어버려라. 당신의 지혜는 행동할 때 작용하는 것이다.

다른 말로 당신이 어떤 명석한 두뇌를 가진 것처럼 행동하라. 만일 당신이 독단적인 사람을 따라가면, 그는 자기의 틀에 당신을 넣을 것이다.

이것은 당신이 대중들과 같이 돌진해야 한다는 것을 말하는 것이 아니다. 많은 사람들은 목적이 없으며 야비하고 추한 사람으로 행동하고 있다. 당신은 지혜를 목표로 나가는 길에 천박하게 행동할 수는 없다. 단순한 행동과 동작이 없는 상태와는 같은 것이다.

그러므로 신중하게 목표를 세워서 행동하라. 일을 시작한 다음 그 일의 진행을 살펴라.

생명은 활동하는 순간에 창조적인 힘을 발휘한다. 당신 자신은 그 일(목표)을 도우면서 또 도움을 받는 것이다. 일을 시작하면 당신의 주의력을 그 일에 집중시켜라.

더욱 중요한 것은 당신의 문제를 이미 해결한 것처럼 행동하라.

실패의 원인 12가지

01. 돈이 절대적인 것으로 믿고 행동하지 못하는 것.
02. 현재와 과거의 이해관계의 충돌과 돌아가신 조상들의 모순된 결론으로 일생을 망치는 것.
03. 양극적인 정치상황의 혼란으로 진보가 중지되는 것.
04. 병을 절대적인 것으로 받아들이는 것.
05. 환경이 절망적이라는 환상.
06. 궁지에 이르러 굴복하는 것.
07. 가치관의 차이로 사상의 갈등을 느끼는 것.
08. 쾌락과 성공하겠다는 원칙의 충돌.
09. 친교에 있어서 근본적인 대립으로 일어나는 교착상태.
10. 인간관계에서 경쟁자의 급성장으로 인한 심리적 압박.
11. 나쁘게 받아들인 환경에서 오는 침체상태.
12. 공포와 도덕적 염려에서 오는 방해.

 이런 것들을 바꾸기 위해서 어떤 행동도 하지 못한 채 24시간을 꾸물거리다가 궁지에 몰리는 어리석은 사람이 되지 말라.

8개의 거짓된 전제(前提)와 작용

01. 어떤 일이나 상황이 당신에게처럼 다른 사람에게도 중요하다는 생각.
02. 다른 사람도 당신처럼 어떤 곤란에서 고통을 당할 것이라는 생각.
03. 운명과 세상이 당신을 대항하고 있다는 생각—여기에는 음모도

들어 있다.
04. 방법도 해답도 없다고 믿는 것.
05. 당신 자신이나 다른 사람이 자기 권리가 없다는 생각.
06. 당신 자신을 크든지 작든지 우주의 중심에 두는 것.
07. 세상이 거짓된 태도로 위장되었다는 것을 믿지 않고 문화세계로 받아들이는 것.
08. 공표되고 정당하고 그리고 그릇된 사실은 상대적이 아니라 절대적이라고 받아들이는 것.

12개의 난처한 감정
01. 세상이 당신 때문에 존재한다는 생각.
02. 쉽게 돈 버는 방법이 있다는 생각.
03. 일하는 습관을 기르지 못하는 것.
04. 너무 피로해서 마음껏 놀지 못하는 것.
05. 건전하게 수면을 취하지 못하는 것.
06. 당신의 고난에 대해서 다른 사람을 비난하는 것.
07. 행운이 당신을 거부하고 있다는 생각.
08. 노력하기도 전에 행운이 오기를 기다리는 것.
09. 극복하기 보다는 평안을 찾는 것.
10. 당신의 인생을 다른 사람의 지배에 맡기는 것.
11. 다른 사람에게 짐을 넘기는 것.

12. 사랑의 미끼에 이성을 잃는 것.

이기주의로 오해받는 행동

01. 당신 자신이 직업을 선택하는 것.
02. 당신의 결혼 배우자를 선택하는 것.
03. 친구를 만드는 것.
04. 신념을 결정하는 것.
05. 최고의 환경을 택하는 것.
06. 자신의 시간을 이용하는 것.
07. 정규적인 휴식을 가지는 것.
08. 당신의 비밀을 보호하는 것.
09. 당신 자신이 책임을 결정하는 것.
10. 당신 자신의 기준을 정하는 것.
11. 스스로 옳고 그름을 판단하는 것.
12. 부당한 타협을 거부하는 것.

　당신의 일생에 관계되는 것을 발견해서 처한 상황을 변화시키기 위해서 대책을 강구할 때까지 이 목록을 읽는 것은 유익한 일이 못된다. 어떤 경우에든지 고통을 제한해서 당신의 일생을 좌우할 수 없게 할 수 있다. 단, 당신이 할 의지만 있으면 할 수 있다. 또한 당신이 고통을 생각하지 않으려면 머릿속에서 지울 수 있다. 계획을 세워서 필연적인 변화를 꾀하고 적합한 방법을 선택하려면 이것도 또한 가능하다. 비록 고통을 피할 만큼 충분히 행동하지 못했다 할지라도 당신이 취할 행동이 있다.

"매일 매일 새로운 기회를 준다"는 말을 기억하라.

미래에 대해서 해야 될 일
01. 당신의 잘못을 기꺼이 받아들인다.
02. 오류가 없는 사람은 없다는 것을 기억하라.
03. 장래를 위해서 해야 할 일이 무엇인가를 기억하라.
04. 현재의 사태와 당신의 능력과 균형을 유지하라.
05. 현재 상황을 변화시키기 위해 가능한 길로 계획을 조정하라.
06. 가능한 계획을 효과적으로 수행하라.
07. 당신이 할 일에 완전한 결과를 기대하지 말라.
08. 최초의 각오보다 더 많이 참고 견딜 필요성을 받아들여라.
09. 당신 자신의 과거의 운명을 비난하지 말라.

승리를 위한 8가지 방법
01. 현재에 관심을 집중시켜라.
02. 현재의 문제에 대해서 최선을 다하라.
03. 결과가 있는 행동을 하라.
04. 모든 고난에 대해서 객관적인 자세를 가져라.
05. 육감에 귀를 기울여라.

06. 예지가 작용하기를 기대하라.
07. 오감(伍感)을 사용하여 살펴라.
08. 항상 통찰력을 가지고 행동하라.

최악의 고통에 대한 12가지의 처방

01. 당신의 문제가 이상할수록, 결론은 예외적인 것이 되어야 한다.
02. 극한 상황은 근본적인 대책을 요한다.
03. 당신의 고통이 증명될 때까지는 크다고 믿지 말라.
04. 인생문제도 수학문제처럼 계산해서 풀 수 있다.
05. 가장 책임 있는 사람을 발견하라.
06. 당신의 고난이 항상 고의적이거나 마음속에 있다고 믿게 하는 사람을 비난하지 말라.
07. 고의적이 아닌 다른 사람의 실수는 비난하지 말라.
08. 잘못한 사람을 충고하는데 주저하지 말라.
09. 문제가 되는 사실에 정면으로 대결하라.
10. 당신의 이웃이나 가족에는 천사가 없다는 것을 기억하라. 우리 모두 인간이다.
11. 병든 정신도 병든 몸과 같이 취급하라.
12. 대부분의 고난은 무지와 오해에서 온다. 고난이 더 심화되기 전에 무지와 오해를 제거하라.

문제 해결의 비결

1. 당신의 문제를 여러 방면으로 친숙하라. 당신이 육체적으로 문제 속에 들어가 있는 것처럼 문제의 각 부분에 들어가라. 그리하여 생각하고 있는 모든 것을 보고 듣고 접촉해서 당신의 사상을 눈에 보이도록 하여 충분히 추적할 수 있게 하고, 대화는 드라마로 하라.
2. 각 부분의 관계를 추적해서 각 부분이 어떻게 상호 영향을 주는지 조사하라.
3. 문제의 각 부분 중에서 가장 중요한 점에 대해서 기억을 자유롭게 더듬어 해결의 실마리를 찾아보아라.
4. 그 다음, 과거의 경험에서 현재 문제를 해결할 수 있는 지점을 찾아내기 위해 기억을 이상적으로 다듬고, 논리화하고 현상을 체계화하라.
5. 이런 재료들을 조직화하고 체계화시켜라.
6. 실험삼아 어떤 결론을 내어서 오늘을 비교하라. 그러면 당신은 해답을 발견할 것이다.

그렇다면 가장 중요한 것은, 장래에는 나쁜 일은 없을 것이라는 어리석은 생각을 하지 않는 것이다. 우리는 미래에 닥칠 고난을 대비해야 하며, 오늘보다는 내일 더 좋은 일을 할 준비를 해야 한다.

좀처럼 이해할 수 없는 모든 고난을 조종할 수 있는 한 가지 기본 원칙이 있다. 즉, 당신이 전체 상황을 변경시킬 방법을 터득하기 전에는 고난에 대하여 너무 오랫동안 집착해서는 안 된다. 이것은 의사들이 환자를 다루는 방법이며, 외과의사가 상처를 수술하는 방법이며,

기사가 기계가 고장이 났을 때 수리하는 방법이다. 사건이 일어났을 때 발광하며 떠드는 것이 아니고 앰뷸런스를 부르고 환자에게 약을 주고 버팀벽과 받침대를 놓아 쓰러지지 않게 하는 것이다.

다음으로 과학적인 객관적 원리는 그 사건을 경험으로 받아들이고, 개인과 관계없는 사건으로 대하는 것이다. 당신은 다른 사람의 고통을 대하듯이, 극장에 가고 소설을 읽고 여행담을 듣고 매혹되어 그 사건을 객관적인 일로 대하는 것이다.

어떤 대안(代案)없이는 결정을 하지 말라. 급박한 상황에서 결정적으로 선택해야만 하는 경지에 이르기까지 양자택일하지 말라. 은행에 저축된 돈같이 문제들을 진열해 두어라.

당신은 고통을 극복하는 가운데 지혜롭게 된다. 당신은 고통을 피하는 가운데 인생을 배우는 것이 아니라 대처하고 극복하는 가운데 배우게 되는 것이다. 당신 자신이나 다른 어떤 사람도 당신의 슬픔을 불평해서 도움이 되지 않는다. 적극적인 마음, 바르게 움직인 손, 굳게 다문 입(이를 악물은 결심)이 기적을 낳는다. 일단의 동작들을 생각하고 그들을 분석하라. 고난을 분류하라.

나는 고난을 생각할 때 구주희(九住戱) 기술이 생각된다. 사람들이 그들의 고난 문제를 해결할 때, 최소한 9등분으로 분류하여, 마치 매듭을 풀어 나가듯이 하나씩 해결한다면 보다 쉽게 문제를 해결할 수 있다고 확신한다. 나는 가장 어려운 문제를 처리하는 해결책을 선택했는데, 그것은 아직도 성실한 해결책으로 남아 있다. 나는 그 방법으로 많은 문제를 해결했는데, 가장 의미 없는 해결책이 최선의 해답임을 비로소 알게 되었다.

진실은 대체적으로 하늘과 같다. 진실은 여러 상황에 걸쳐서 퍼져 있으나 산을 움직이지 않는다. 실제적인 지혜의 작은 부분은 모든 철학보다 더 강하다. 우리는 고난을 해결할 때, 구체적으로 자문해야 한다. 잘못된 것이 무엇이냐? 왜 그런 일이 일어났느냐? 그것을 어떻게 하면 고칠 수 있는가? 이것은 지혜의 규칙이다.

"언제 시작할까? 어디서 출발할까?"

"우리는 누가 도울 것인가?" 이것은 상식적인 방법이다. 당신은 원하는 것을 알아서 얻게 되고, 문제와 가능성 사이를 당신도 모르게 전진하다가 얻게 되는 것이다. 환경이 허락하는 한 빨리 욕망을 움직여라. 어떤 특이한 순간에 얻을 수 있는 것은 상대적인 것이다. 이것은 끊임없이 변화하는 상황에서 통찰력·집중력·지구력·기술에 좌우된다.

문제 해결에 있어서 몇 가지 유용한 방법을 아는 것이 중요한 것이 아니고, 체계 있게 생각을 만들어가는 습관을 기르는 것이다. 예를 들어 만족을 원하는 당신을 도와줄 '균형'이라는 시트를 만들어라.

만족과 고뇌에 대한 조절

모든 상황에서 당신을 즐겁게 하는 것과 화나게 하는 것, 이 두 가지가 공존하고 있다. 이에 대한 당신의 응답은 인격적인 응답을 하는 것이 옳다. 당신이 좋아하는 것을 다른 사람이 싫어할 수도 있는데, 이런 문제는 개개인으로 족하다. 당신이 만족할 것을 발견해서 선택하라. 당신을 괴롭히는 것은 피하고 버려라. 또한 이것들이 당신의 행복을 파괴하지 않도록 하라.

되풀이되는 접촉

당신이 한 가지 일에 시간을 더 많이 쏟을수록 쉽게 해결할 수 있다. 어려운 상황에서 두려워하는 일을 많이 접촉할수록 두려움은 줄어든다.

　당신을 불안하게 하는 것을 선택하고 또 쉽게 해결할 수 있다고 느끼는 것을 선택하라. 이들을 자주 계속 접촉해서 점차적으로 어려운 문제에까지 확대시켜 나가라. 이렇게 할 때 가장 냉혹한 문제까지도 극복된다.

남의 의견의 가면을 벗겨라

대부분의 사람들의 생각은 다른 사람으로부터 영향을 받아 이루어진 '우둔'의 덩어리인데 이것은 어떤 생각 없이 영향을 받은 것이다. 누구든지 고난 중에 있는 사람의 귀에다 무의미한 말을 퍼부어 넣기를 좋아한다.

　이런 정신적인 독약에서 벗어나고, 당신이 상황에 처하여 조심스럽게 찾아낸 사상을 이들의 무의미한 사상에서 분리해야 한다. 그런데 당신 자신의 사상도 실제적인 시험으로 납득되기까지는 따라가지 말라.

인식(認識)의 중요성

흐릿한 생각과 어리석은 생각으로 사람들은 골치를 앓고 있다. 눈에 보이게 뚜렷한 근본이 없는 이론은 수많은 사람을 혼란케 한다.

모든 행동에 있어서 일단 멈추어서 당신이 어디로 가고 있으며 무엇을 하고 있으며, 누가 이런 못난이 짓을 하도록 했나를 인식해라. 저축하는 일도 드문 일이지만 지혜 있는 삶에는 필수적이다.

소크라테스의 방법

그리스의 옛 철인들은 싫증나는 사람이었으나 오늘날 아침부터 저녁까지 당신의 집을 방문하는 사람같이 싫증나게 하지는 않았다. 소크라테스는 사람들에게 누구인가를 알게 하는데 집중적으로 파고들었다. 그는 자기 사상에 대해서도 똑같은 질문의 과정을 통과하려고 노력했었다.

당신이 생각하고 있는 30%는 당신의 생각이고, 70%는 아주 다른 정서적 바탕을 가지고 있다. 당신의 욕망과 진실한 믿음은 맹인들의 지팡이와 같다. 당신은 내부의 요인들을 한쪽으로 몰아넣지 않으면, 어리석은 바보가 된다.

문제를 메모하는 습관

당신이 천재라면 다음과 같은 지시는 무시해도 좋다. 그러나 만일 세기가 낳은 위대한 정신의 소유자가 아니라면, 머릿속에서 문제를 기억하지 않는 것이 좋다. 특히 오후 10시 이후에는 어떤 문제를 생각하지 않는 것이 좋다.

당신이 알고 있는 모든 사실을 생각나는 대로 써라. 요점을 써라. 요점을 적어라. 그 다음 순서를 잡아서 중요하지 않은 것은 옆으로 제쳐놓고 의미 있는 것만 순서대로 적어라. 그 다음 고통을 주는 문제를 다시 적어라. 당신이 상상해서 견해가 광범위하게 다른 5명이 당신의 고통을 나타내는 것과 같이 객관적으로 적어라. 이 5명은 당신을 좋아하지 않는 사람이나 당신을 인정하지 않는 사람도 포함시켜라. 그 후 새로운 태도로 문제들을 흑백의 양면으로 문제들을 바라보아라.

자료수집과 분석

문제들을 해결하는 과정에서 실수의 절반은 문제해결에 필요한 사실들을 충분히 알지 못하는데서 오는 것이다. 당신이 아는 사실을 적는 습관을 기른 다음 확실하지 못한 것도 기록하라. 그 가운데서 문제 해결에 필요한 것들을 뽑아라. 먼저 필요한 정보를 얻는 일에만 시작하여라. 당신이 필요한 것을 60%만 알면 곧 일을 착수하라. 남은 부분은 일을 집행하는 과정에서 얻어질 것이다.

가능한 많은 사실을 수집하라

미국에는 도서관이 많고 도서관에는 백과사전, 참고서, 사전 등등 '실제적 사고'에 도움이 되는 서적이 많다.

몇 년 전에 세 사람이 가까운 주에서 땅을 사려고 나섰다. 한 사람은 열차를 타고 이곳저곳 돌아다니다 경비만 쓰고 실망해서 돌아왔다. 두 번째 사람은 온 여름 불확실한 가운데 여러 주를 돌아다니다가 되돌아왔다. 셋째 사람은 도서관으로 가서 지도와 농업서적, 기후 풍토 등을 연구한 다음 땅을 사고자 하는 주에 대해서 다시 자료를 수집하여 땅을 샀다. 그가 든 경비는 1,870달러 정도였다.

자유로운 생각

모든 인간의 사상은 영감이다. 인간의 지능은 큰 도구는 아니나 사상을 모으는 일에는 매우 가치가 있다.

고난에 처할 때 공동으로 범하는 4가지 오류가 있다.

① 충동적이고 생각이 없는 행동.
② 본능을 추구하는 것, 억제하지 않는 육감.
③ 논리적이지만 부당한 생각.
④ 행동하기를 무서워하는 것.

직관과 육감으로 조용히, 그러나 논리적으로 생각하라. 이것이 건전한 명상이다.

비교

사람들은 모든 문제에 대해서 무질서하고 뒤죽박죽으로 생각하고 있다. 예를 들면 한 소녀가 자기 친구 중에서 누가 자기를 제일 좋아하고 있고 왜 좋아하는가 알려고 한다고 하자. 그러면 그녀는 조직적으로 두 친구를 비교해서 머리는 누가 좋은가 등을 비교하는가? 전혀 그렇지가 않다. 막연히 생각할 것이다.

고난이 닥쳐와 어느 방향으로 진로를 정할지 알지 못할 때 비슷한 행동의 방향을 적고 그들을 비교해 보아라. 결론을 내리기 위해 필요한 행동과 배제해야 될 행동을 보아라.

가장 멋지게 버리는 기술

우리는 인생의 여정에서 너무도 많은 짐을 짊어지고 대부분의 시간을 필요 없는 일에 매달려 보내고 있다. 고난이 닥쳐오면 사람들은 모든 것을 최하의 공통분모로 요약해버린다. 그러나 당신이 어떤 가치를 버려야 하며 중요하지 않은 것이 무엇인가를 알아야 한다. 내가 아는 한 여성은 결혼을 못해서 불행하다고 생각하고 있었다. 그러나 자기가 노처녀라는 생각을 버리자, 그녀의 기혼친구를 통해서 결혼이 그렇게 행복한 것이 아님을 알게 되었고 근심도 없어졌다.

실제적 요소

어떤 상황에서나 근심을 일으키고, 그 근심을 지속시키는 요소들이 있다. 이것이 실제적 요소이다. 이 요소를 찾는 일이 무엇보다 가장 중요하다. 이 요소를 발견하여 제거해 버릴 수만 있다면 근심의 문제는 손아귀에 넣은 것이나 다름없다.

전쟁의 실제적 요소는 경제적인 탐욕이다. 이 경제적 탐욕을 올바로 인식하고 단호하게 대처한다면 전쟁은 없을 것이다. 고통을 자라게 하는 것은 인간의 미움이 아니라 우둔함과 나태이다.

7단계의 계획

어떤 문제를 생각할 때, 인간이 따라 올라가야 하는 일련의 단계가 있다.
  첫　째 : 어떤 상황에서 여러 사실들을 모아라.
  둘　째 : 결과를 가져 온 원인이나 힘을 찾아라.
  셋　째 : 특수한 문제에 있어서 일반적인 근거가 되는 원리를 찾도록 노력하라.
  넷　째 : 난관에 처해 있는 사람들을 기록하고 생각하라.
  다섯째 : 그 문제에 관계되는 장소와 사물들을 기록하라.
  여섯째 : 난관에서 가장 중요하게 영향을 미치고 있는 것을 지적하라.
  일곱째 : 대책을 강구해야 되는 시기를 결정하라.

융통성의 가치

완전한 해답은 없으며, 완전한 해결책도 없다. 손실 없이 얻는 것은 없으며, 또한 실패 없는 승리도 없다. 당신이 항상 정의일 수 없다. 완전한 정의는 인간으로서 불가능하다. 단지 최선을 다해야 한다. 정의와 불의, 옳고 그름의 조화된 가치를 찾아야 한다. 때때로 인간은 더 큰 악을 선택할 수도 있다. 또 큰 선을 위해 작은 악을 선택할 수도 있다. 이중성이 두려워 사랑하는 사람과 결혼하지 않는 것보다 아버지를 속이더라도 결혼하는 것이 좋다.

삶의 자세에서 더 많은 것을 얻는다

대부분의 사람들은 고난에 관하여 타협적인 방법으로 한꺼번에 해결하려고 시도하기 때문에 문제가 발생한다. 당신은 이런 방법으로 성공하지 못한다. 종이에다 원하는 것을 적어라. 모두 수식해서 과장해 적거나 과소평가하지 말라. 또 다른 종이에는 당신의 능력의 한계를 적어라. 당신의 능력을 고려할 때 원하는 것에서 얼마나 얻을 수 있는가를 적어라. 매년 이 절충된 점을 끌어 올릴 계획을 세워라.

활동력을 일으키는 지혜

모든 일을 당신 혼자서, 당신의 손발로, 당신의 노력으로만 해결하려는 것은 어리석은 일이다. 현대의 모든 기계는 당신을 위해 사용하도록 되어 있다. 당신의 집 정원을 당신의 손으로 손질하지 않는다. 기계를 사용한다. 정신적인 목적을 위해서도 이와 비슷한 기계를 사용하라.

옛날에 어떤 돈 많은 사람의 조카가 중서부에 가서 살고 싶었다. 삼촌이 조카에게 말했다. "돈을 빌려서 그것을 약속한 날에 갚아라." 의아한 조카가 이유를 물었다. 그러자 삼촌은 이렇게 말했다. "네가 정직하다는 것을 사람들에게 보이기 위해서다. 만일 네가 돈을 빌려서

갚지 않으면, 사람들은 너의 정직성을 믿지 않는다."

'만약'의 철학

당신의 행동은 당신의 사상과 감정에 영향을 주고, 당신의 이성은 당신이 행동을 계획하라고 주어진 것이다. 또한 추진력은 계획을 실천하기 위해 만들어진 것이다. 만일 당신이 바보처럼 행동하면 당신은 곧 바보처럼 느껴지고, 조용한 태도와 확고부동한 행동은 침착하게 생각하게 하고 용기 있게 책임을 다하게 한다. 목표에 부합되는 인간이 되라. 그리고 목표에 매달려라. 그리고 당신이 원하는 바가 진실된 것으로 생각하면 진실이 된다. 하베로크 에리스 씨가 저서『생명의 율동』이란 책에서 갈파했듯이 "인생에 허구의 의미는 실제적으로 크다." 이것은 한스 바겔의 만약의 철학과 같은 것이다.

두려움을 분노로 극복하라

두려움으로 마음이 불안할 때, 당신을 화나게 하는 이유를 찾아라. 격노하게 되면 두려움은 사라진다. 혹은 고통을 생각하거나 호기심을 자극하라. 그러면 두려움은 사라질 것이다. 내가 아는 한 소녀는 옛날에 한 남자에게 빠졌는데, 그 남자가 실제 좋아하는 다른 여성에 대해서 호기심을 가지는 순간 그 남자에 대한 그녀의 사랑은 식어 버렸다. 지배적으로 뛰어난 감정은 약한 감정을 말살시킨다.

기회의 힘

만사는 변하기 때문에 남편이 20년 전처럼 우둔하지 않다. 남편은 점차 성숙하고 있는 것이다. 문제해결에 있어서 남편을 감당할 수 있느냐가 중요한 것이 아니라, 발전의 희망의 여부가 중요한 것이다. 남편의 현재와 당신이 바라는 남편과 비교하지 말라. 그의 변화의 척도만 조사하라. 변화의 척도는 무엇을 평가하는 유일한 방법이다.

다이아몬드와 흙

다이아몬드는 남아프리카 광산에서 채굴한다. 작은 손가락 정도가 아니라 그보다 더 작은 보석을 캐내기 위해 수 천 톤의 흙을 판다. 광부들은 먼지를 찾는 것이 아니라 다이아몬드를 찾는다. 이들은 보석을 찾기 위해서 모든 흙을 파내는 것이다.

   일상생활에서 인간들은 이 광부의 원리를 잊고 염세주의자가 된다. 왜냐하면 인생의 생활에는 다이아몬드보다 흙이 더 많기 때문이다. 고난이 오면, 부정적인 생각에 놀라지 말고 긍정적인 것을 찾아서 캐내어라. 이것들은 귀중한 것이기에 수 톤의 흙을 옮기는 일은 문제될 것 없다.

실험을 계속하라

인류가 수 세기 동안 이룩한 진보는 실험 덕분이라는 것을 부인할 사람은 없다. 우리는 고난에 직면하여 현명하고 안전한 실험을 하지 않는다. 우리는 짜증이나 내고 화만 낼 따름이다.

실험해 보면서 주위 상황을 옮겨 보아라. 여러 가지 반응을 나타내 보아라.

도움을 청하라

내가 아는 주주 브로커는 부자가 되었는데, 그는 월가에서 본업인 브로커로서 돈을 번 것이 아니고, 편지를 써서 부자가 된 것이다. 그는 한 때 여러 사람에게 도움을 청하는 편지를 매일같이 몇 통씩 썼다. 그를 아는 사람도 없었으며, 그가 아는 사람에게 편지를 쓴 것도 아니었으나 그의 편지의 반응타율이 높아져서 사람들이 그에게 일거리를 주게 되었다(그는 그들에게 필요한 사람이 된 것이다). 나도 두 통의 편지를 받았는데, 그가 나에게 청한 것은 그럴싸해서 들어 주었다. 얼마 후에 그를 만나서 어떻게 나에게 부탁을 하게 되었느냐고 묻자 그의 대답은, 지금 생각하면 아주 간단한 것인데, 당신에게 가르쳐 주고자 하는 것으로서 단순한 것이었다. 분명히 말해두는 것은 그의 방법은 오늘날 책으로 발간되어 베스트셀러가 되었다. 여러 사람이 각양각색으로 그를 도와주게 된 것이다. 그는 "구하라, 그리하면 얻을 것이다"라는 성경의 지혜의 산 증인이 된 것이다.

12

**배 짱 있 게
살아갈 용기**

슬픈 기억은 잊어버려라

지옥은 당신의 기억 속에 있다.
과거에 성취하지 못한 일을 후회하는 것은
나쁜 일을 해서 당하는 고통보다 더욱 나쁘다.
현재의 고난만으로도 충분하다.
과거의 슬픔으로 앞길을 어둡게 해서는 안 된다.

슬픈 기억은 잊어버려라

사람들이 지나온 빚진 생에 대해서 보답할 것이 없다고 후회하는 사람을 주의해서 본 일이 있는가? 후회는 사람을 파괴하는 무기로서 지금도 계속 작용하고 있으며, 윤리가 약탈적인 감상주의를 정당화하는 한 계속될 것이다.

이런 이유로 인해서 후회는 인간을 우울하게 부정적으로 만들고 있다고 나는 말하고 있다. 후회는 인간을 무용지물로 파괴하고 협동심을 방해한다. 후회가 이런 작용을 하는 한 전체적으로 악이다. 후회가 자기만족에서 작용할 때, 또 슬픔이 피학대음란증으로 될 때, 인간은 존재가치를 잃는다.

그러므로 실수를 범했을 때는 솔직하게 받아들이는 자세를 배워라. 이것은 새로운 정열의 윤리이며, 기적을 일으킬 것이다.

4년 전의 일이다. 크라라 애트와타는 웃는 일이란 거의 없었다. 눈에는 슬픔으로 충혈되어 있었고, 죄의식이 그녀를 떠나지 않고 날카로운 창이 되어 그녀의 의식을 찔렀다. 그녀는 죄책감에 사로잡혀 마음이 더욱 어지러워져서 계속해서 잘못을 저지르고 있었다.

이러한 길엔 광란과 실패의 연속만이 있었다. 죄가 죄를 낳고 형벌에 대한 고통을 얻게 되어 모든 용기와 힘을 파괴한다.

한 가지 확실한 것은 당신이 잘못을 저지르게 된 것을 부끄럽게 생각하면 그 과오는 고칠 수 없다는 것이다. 자신을 무시하는 사람은 무슨 일이 잘못되었을 때는 비감을 느낀다. 성인이나 현자는 그들의 행위가 완전해야 한다고 우리들은 믿고 있다. 그러나 그 외의 인간은 결점 투성이의 존재임을 또한 알고 있다. 우리는 항상 과오를 범하고 있다. 그리고 끊임없이 그 과오를 고쳐가고 있다.

지옥은 당신의 기억 속에 있다. 당신이 과거에 성취하지 못한 일에 후회하는 것은 나쁜 일을 해서 당하는 고통보다 더욱 나쁘다. 적당한 노력은 그 결과가 무엇이든지 노력의 힘으로 사람에게 과오를 막아준다.

현재의 고난만으로도 충분하지 않은가? 과거의 슬픔으로 앞날의 길을 어둡게 해야 하는가? 그런데 당신이 당신의 문제로 고민하는 순간 더욱 후회하게 되는 것이다. 어떤 사람들은 그의 등에다 5단계로 짐을 지고 길을 걸으면서 매일매일 남을 비난하고 있다. 자신의 추진력을 의심하면서 시간을 보내는 사람은 더 쓴 난관을 만나게 된다.

여기에 우리 대부분이 저지르는 잘못의 일부를 적어 보았다.

실패를 안겨 주는 12가지 잘못

01. 우리는 원하는 것이 무엇인지 알기 위해 멈추지 않는다.
02. 우리는 목적을 선언하기를 두려워한다.
03. 우리는 조급히 행동하기 때문에 가는 방향을 깨닫지 못하고 있다.
04. 우리는 행동을 하지 않는다. 전적으로 전진을 하지 못한다.
05. 우리는 첫 번째 실수가 마치 중대한 과오인 것처럼 놀라고 있다.
06. 우리는 모든 것을 알지 못해서 염려하고 있다.
07. 우리는 감상적이고 자만에 빠져 있다.
08. 우리는 의무의 환상에 혼란되어 있다.
09. 우리는 고통이 너무 커질까 두려워서 고통을 과장하고 있다.
10. 우리는 미래로 인해서 현재를 왜곡하고 있다.
11. 우리는 고통을 극복하는 대신에 고통 그 자체에 초점을 두고 있다.
12. 우리는 모험의 즐거움—고난을 극복하는 모험의 즐거움을 놓치고 있다.

　실패는 성공에 필연적이다. 실수하여 넘어지지 않는 사람의 업적은 가치가 없다. 당신이 상황에 용감하게 도전을 하지 못하면 행운도 당신을 피할 것이다. 고통을 한 번만 당하고, 기회를 포착하여 행동으로 옮겨라. 행동으로 옮길 때 어느 때가 중요한가를 잘 포착하라. 행동으로 옮길 때 실패하면 사상이 없는 것보다 더욱 나쁘다. 생각을 많이 해야 할 경우가 있다. 특히 인간관계가 그렇다. 게으른 사람은 지배를 받게 된다.

행동으로 옮기는 것에 성공의 비결이 있다. 만일 당신이 할 수 있다고 생각하면 여하튼 실천에 옮겨라. 결국 실수를 하지 않으면 어떤 일이건 개선할 수 없다. 당신이 전투에서 승리하기를 원한다면 '평균의 법칙'에 복종하라. 행운이 찾아왔을 때는 기고만장하고, 행운이 지나갈 때 의기소침하는 사람은 행과 불행의 마찰에 현기증을 일으켜 졸도한다. 인생의 게임이 순탄할 때 당신의 열정을 투쟁의 시기를 대비하여 저축해라. 성공은 균형에 좌우된다.

당신이 처음 자기중심에서 남에게 봉사하면 당신의 불완전성을 수치스럽게 생각하고 침대에 누워서도 깊은 고민에 빠져 고난을 생각할 것이다. 그러나 그 고난을 가볍게 이해하는 정도로 끝내고 깊이 분석하지 말라. 우리는 과거에 실패한 사람을 거울삼아 이들로부터 성공을 배운 것이다. 당신이 나쁜 행동을 저지른 행위자로서 당신의 불안정성에 대해 부끄럽게 생각하며 얼굴을 붉히는 한, 개선 발전을 위해 배우지 못한다. 당신이 자기비하(自己卑下)의 함정에 빠지면 그 함정에서 허우적거리느라 시간을 허비하게 된다.

이건 자기비하로 다른 사람으로부터 멸시당하기 쉽다. 우리는 자기비하를 포기하지 않는 한, 열등의식에 사로잡혀 영원토록 낙담하게 될 것이다. 당신이 말한 것이나 행동에 대해서 다른 사람이 죄의식을 느끼지 않도록 해라. 이런 것을 살펴라. 왜냐하면 다른 사람을 비난해야 자신의 마음속에 평안을 얻는 것이 인간의 본성이기 때문이다.

다음에 나열한 것은 과오의 열쇠인데, 우리들이 보통 범하는 실수에 들어 있는 무지한 습관이다.

실수의 72가지

- 다른 사람을 괴롭히는 것
- 죄의식을 느끼게 하는 것
- 남에게 책임을 전가하는 것
- 사람의 약점을 이용하는 것
- 자신 있는 목소리로 단정하는 것
- 다른 사람이 요점을 나타내도록 기회를 주지 않는 것
- 소리 질러 확신시키는 것
- 마음에 없이 협조하는 것
- 친구에게 너무 큰 짐을 지우는 것
- 유치한 생각을 말하는 것
- 자기가 할 말의 흔적을 잊어버리는 것
- 사람들은 완고하다는 생각
- 완곡한 표현으로 남을 비난하는 것
- 외모로 사람을 판단하는 것
- 자식들을 무례하게 다루는 것
- 사람들이 진정시킬 때까지 화를 내는 것
- 기회를 잘못 포착하여 남에게 청구하는 것
- 책임을 과하게 느끼는 것

- 독선적인 인간이 되는 것
- 압력을 가하여 남을 놀라게 하는 것
- 정의에 대한 완고한 생각을 가지는 것
- 고통을 영구적인 것으로 생각하는 것
- 자기의 편견을 신성시하는 것
- 대리해서 살려고 노력하는 것
- 오로지 재물을 찾는 사람
- 임신이 결혼을 구제해 준다는 사고방식
- 유전(遺傳)에 대해서 비난하는 것
- 엉거주춤하게 사는 인간
- 경험을 두려워하는 것
- 모험심을 잃는 것
- 결과에 초점을 두는 것
- 실망에 항복하는 것
- 어리석은 짓이 통하리라는 생각
- 운명에 의지하는 생각
- 결단력이 없는 것
- 발전적인 계획이 없는 것
- 상황에 너무 오래 견디는 것
- 혈육관계에서 인사문제를 처리하는 것
- 금전을 위주로 사람을 취급하는 것

- 아내나 남편을 소유물로 생각하는 것
- 친구 사이에 예의를 잃는 것
- 논쟁에서 분노하는 것
- 모임에서 생색을 내는 것
- 다른 사람을 감동시키려 하는 것
- 설명하지 않고 이해를 바라는 것
- 여성들에게 은혜라도 베풀듯이 하는 것
- 성인에게 어머니로서 군림하는 것
- 아이들을 겁주어서 기르는 것
- 손실을 보복하려는 생각
- 거만하고 비밀이 많은 것
- 판단 없이 남의 충고를 받아들이는 것
- 융통성이 없는 논리적인 것
- 물러설 때를 모르는 것
- 유머감각이 없는 것
- 으쓱거리다 망하는 것
- 모든 것을 은폐하려고 하는 것
- 힘을 구체화하는데 실패하는 것
- 어떤 결과에 마음을 두고 있는 것
- 문화인인 체하는 생각
- 우리들의 관습이나 기준을 믿는 것

- 이상이 실현되기를 기다리는 것
- 인생을 현존하는 것으로만 판단하는 것
- 운명을 믿는 것
- 결정적인 순간에 기회를 못 잡는 것
- 상황에 용감하게 도전하지 못하는 것
- 중심에 목표가 없는 것
- 위기가 닥칠 때까지 방관하는 것
- 시대의 흐름을 경계하지 않는 것
- 된 일에 저항하는 것
- 주위를 살피지 않는 것
- 일의 결과부터 계산하는 것
- 첫 번째 실패로 완전히 좌절하는 것

　당신이 이 목록을 읽고 자신의 특별한 과오에 해당되는 부분을 체크한 다음 아내에게도 찾아내도록 하여 서로 의논하여 그에 대한 대응조처를 강구할 때만이 효과가 있는 것이다. 대부분의 사람들은 그들이 잘못을 범하였을 때는 자신들의 난처한 처지에 대해서 이기주의자가 되어서 곤경을 공격한다. 이들은 마치 이런 곤경이 다른 사람이 우둔해서 된 것처럼 행동한다. 이들은 이런 마음자세로 이 상황을 밝혀야 된다고 말할 기회도 친구에게 주지 않는다. 상처를 입은 사람은 긍지심을 가지고 사건의 핵심을 파악한 다음 계획을 변경시키기 위해

협조를 얻어야 한다.

당신이 범하는 잘못의 이유를 적고 개선을 위해 비교해 보아라. 사건 내에 개선의 여지가 있다면, 자연히 알게 된다. 어떤 경우든지 두려움과 분노를 포기하라. 이것은 유익이 못된다.

이것은 어떤 의미로 고난을 해결하는데 가장 기초가 되는 것이다. 왜냐하면 고난을 정복하는 첫 단계는 당신이 고난을 정복해야 된다는 이유로 저항하는데 항상 굴복해야 하기 때문이다. 대부분의 사람들은 고난을 정착하는 대신 고난 그 자체에 초점을 두는 과오를 범하기 때문이다. 당신 자신에게 자문하라. "이 고통의 원인은 무엇인가? 나를 못살게 굴려고 고통이 찾아왔는가? 아니면 나의 인격적인 성장과 이해를 위해 고통이 필요해서인가?" 이렇게 자문할 때 고난에서도 값있는 것이 있다는 것을 깨닫게 된다.

이런 사실을 확신하기 위해서 과거의 고통이 당신에게 무엇을 하였는가를 생각해 보아라. 고난이 갖다 주는 교훈 없이 인격적으로 성장하는가 자문해 보아라. 또 현재의 고통스런 상황에서 당신이 성장할 수 없는가도 자문해 보아라. 다음과 같은 목록을 기억해 두는 것이 좋을 것이다.

고난을 극복하는 10가지

01. 고난이 닥쳤을 때 반항하지 말라. 괴로움은 누구에게나 오는 것이다.

02. 곤경에 처하게 하는 모든 사람에게 친절하라. 따뜻한 접대는 가장 강한 공격자도 녹인다.
03. 가능한 신속히 문제와 친숙하라. 친교는 통찰력을 기른다.
04. 귀찮은 경험에서 당신에게 필요한 것을 찾아라.
05. 우리는 기쁨과 고통을 통해서 성장한다. 난관은 극복되지 않으면 점점 커진다.
06. 당신의 환경에서 재미있고 낭만적인 것을 찾아라.
07. 당신이 생각하듯이 실제 난처한 처지에 있는가 자문해보아라.
08. 곤경에서 유머러스한 부분을 찾도록 노력하라.
09. 당신의 고난을 통해서 당신을 도와줄 사람을 얻도록 하라.
10. 어떤 일이 일어나든지 선량한 성품은 무적임을 기억하라.

당신 자신의 마음을 알자

"내 자신이 무엇인지도 이해하지 못하면서 어떻게 현명한 자애적(自愛的)인 사람이 될 수 있습니까?" 이것은 사람들이 나에게 묻는 질문이다.

사실 그럴는지 모른다. 그러나 그 변명이 올바른 주장인지 나는 의심하고 있다. 어떤 사람에게 뚜렷한 결함이 있음을 넌지시 말했더니 그는 단호하게 "그렇지 않습니다"라고 말하는 것이었다. 사람들은 자기 존재는 인식하면서 자기 행동은 잘 모르고 있다.

당신의 인격에 경제적 법칙을 시험해 보아라. 당신 자신의 특성이라고 확신하는 몇 가지 태도를 요약해 보아라. 당신의 독특한 점을 강조하고 그 특성에 진실했던 점을 주장하되 어떤 경우에도 당신의 인격과 타협하지 말라. 이러한 인간적인 성실성에서 출발할 때, 당신은 당신 자신을 알게 된다.

현대 과학에 의하면 당신은 염색체(染色體)의 산물(産物)이다. 이 같은 조상의 재생산 세포로서 극히 미세하게 분할된 것이다. 이 세포는 선조대의 육체의 잠재력을 당신에게 운반한다. 이 같은 이론에 따르면 당신은 어떤 천부적인 힘의 구성체로서, 이 힘은 당신의 행동을 어느 정도 결정한다. 당신은 강하고 건강한 조상의 혈통을 가지고 있을는지 모른다. 이 혈통은 당신이 선한 사람이 되도록 협력한다. 당신이 약하고 불건전한 혈통을 가지고 있다면 건강하게 조절하기가 어렵다. 이렇게 될 때 당신의 신경상태가 안정돼 있거나 불균형이 되어 있을 수 있다.

이것은 당신의 명예도 아니고 또 결함도 아니다. 당신은 건전하거나 병균이 있는 기관(器官)을 가지고 있건, 활력이 넘치는 두뇌를 가지고 있건, 평범한 두뇌를 가지고 있건, 높고 낮은 지능지수를 가지고 있건, 수완이 뛰어나거나 빈약하건, 가능성이 크거나 작건, 모두가 당신의 책임이 아니다. 보다 중요한 것은 정서적인 심상이다.

과학이 말하는 제 일차적인 성벽(性癖)은—다른 말로 표현하면 원형질의 충동이며, 세포의 원동력이고 존재의 구현이다.—소란스러울 수도 있고 질서정연할 수도 있으며 힘차게 파동을 치거나 온화하게 나타날 수도 있다. 본능적인 충동이 돌발하고 감정이 분노를 폭발시키고, 공포, 경악……등등의 모든 감정이 당신에게 갈급(渴急)한 심정을 주기도 하고 온화한 반작용을 나타내기도 한다.

이런 것은 본성으로서 소위 생태학의 유학이거나 존재의 생명력이다.

여러분이 운명에 대해서는 비난을 받지 않는다. 당신이 천사로 태어나지 못했다고 해서 당신을 비난하는 설교가 있다면 그 설교는 사악한 거짓말이다.

자기 운명을 개척하지 못거나 난관을 극복하지 못한다면 이 이상 어리석은 것은 없는데 이때야말로 당신의 인격에 대한 오류는 당신이 책임을 져야 한다. 당신은 당신의 인간됨에 주의를 기울이기보다 고난 문제에 더 주의를 돌려라. 실패의 큰 원인은 자기 능력을 의심하고, 비난하며 자기표현에 수줍어하는데 있는 것이며 다음으로 불가능한줄 분명히 알면서 완전한 인간이 되려고 무모한 노력을 하는데 있고, 어떤 사람이나 상황이 요구한다고 자기 뜻을 굽혀서 본래의 자기와 다른 사람으로 나타나는데 있는 것이다.

당신은 다른 사람의 날카로운 신경세포와 바꿀 수도 없으며 두뇌와 세포질을 교환할 수도 있다. 또 능력 있는 사람의 두뇌나 강한 사람의 힘을 바랄 수도 없다. 성벽이나 재능을 어느 누구와도 바꿀 수 없는 것이 우리 인간이다. 또한 성적충동이나 흥분도 어느 누구와 똑같을 수 없다.

고난을 당하는 것은 당신의 능력을 사용치 않고, 잠재력을 개발하지 않기 때문이다. 구제될 수 있는 길은 내적 자아를 나타내는 길이다. 당신은 고양이를 길러서 사냥개를 만들 수 없고 개를 길들여 소를 만들 수 없다. 어느 생명체에도 과학이 말하는 소위 '제자의 응답'이 있다. 당신이 무엇을 하는 것이 옳으냐를 판단하는 것은 외부의 지시가 아니라 당신 자신의 기관이 결정한다.

현재 당신이 어떤 존재가 되겠다는 긴장과 불가능한 일을 하려는 노력을 포기할 때 당신은 이전보다 더 좋은 것을 하게 될 것이다. 신경이 예민하고 극도로 긴장한 완전주의자들과 자기가 탁월하지 못해서 죄의식 같은 것을 느끼고 있는 사람들은 자기가 적용될 수 있는 것을 찾아 헛되이 돌아다니면서 결국에는 무슨 일이든지 완성하지 못한 체로 남기고 떠나 버린다.

어떤 형의 인간이 되는 것은 조직체가 결정한다. 마음은 물질과 정신의 양극 사이의 생명체의 어떤 수준에서 두드러지게 나타난 것이 바로 '마음'이다. 고상하다는 것도 염색체가 결정하는 박제이고 이웃에 대한 봉사도 생태학의 문제이다.

'자만(自慢)의 치료제는 무엇입니까?'하고 사람들은 종종 질문해 온다. 대답은 간단하다. '지식'이다. 당신에게 인정할 수 있는 모든 것은 당신의 생명과 선조로부터 내려온 흐름과 직결된다는 사실을 알라. 당신의 존재는 반사성의 조직체여서 생명체가 빛을 발할 때 번쩍이는 거울과 같은 것임을 알라. 거만하다는 것은 무지와 둔함의 증거이다.

어떤 사람에게는 '자신과 타협하지 말라'는 교훈과 '자기만족을 하지 말라'는 교훈이 마찰이 있는 것같이 보인다. 사람들은 다른 사람에게 편의를 제공해 주는 성질을 가지고 있음을 이들은 이해할 수가 없다. 개성을 가진다는 것은 교만함이 내포되어 있는 것으로 그들은 생각하고 있다. 이것은 어린이와 같은 자기중심 벽이 인격의 힘을 자극하는 것을 많이 보았기 때문에 착각하고 있는 것이다.

실제로 행동은 힘을 내포하고 있다는 신념에서 여러 가지 독단적인 이론이 속출하여 논쟁이 일어났다. 훌륭한 유머와 친절한 태도가 본성이 굴복하는 것으로 보고 사람들은 기피하고 있다. 모두 진리와는 멀다. 호전성(好戰性)은 적을 만들고 불만 섞인 얼굴과 높은 언성은 저항감을 갖게 한다. 친절하지 못하고 관대하지 못한 사람은 악질로 평가한다.

그러나 훌륭한 유머가 인격의 특성은 아니다. 그러나 유머는 기술이므로 많은 연습을 요구한다. 끊임없이 유쾌한 사람들의 능력을 관찰해 보아라. 물론 직업적으로 남을 웃기는 사람이나 위선적인 종교가들의 변덕스러운 행적을 제외하고 말이다. 하늘이 거짓된 지성에서 우리를 보호해 주고 있다.

대부분의 사람들은 자기가 느끼는 대로 행동하는 것이 다른 사람에게 평안을 준다는 사실을 믿으려 하지 않는가. 우리는 진실된 정신을 수백 종의 간접적인 방법으로 전달한다. 즉, 눈은 표정으로, 목소리로, 손을 잡고서 우리의 진실을 전달한다. 훌륭한 '동기' 그 자체는 말로 하지 않고 행동으로 옮기지 않는 것도 전달하며 우리가 행동할 때만큼 많은 것을 전달한다.

사람들이 편안하기를 바라지 않으면서 편안하게 행동할 수 없다. 즉, 자기의 뜻과 반대로 행동하기가 힘들다는 것이다. 만일 질투와 미움이 가득차 있다면 어떤 예의바른 술책도 그 사람과 친교할 수 없게 된다. 괴상한 피조물—인간에 대한 관심과 사랑만이 사회에서 평안을 가져온다.

자기 존재의 성패는 자아의 기본법칙과 신비법칙 사이의 균형에 좌우된다. 자기 자신이 진실할 것을 굳게 결심한 후에는 자신과 타협할 것을 거절하게 되고 다른 사람에게 자기 자신을 의탁하는 것을 거부한다. 그 후 본성의 의지와 상호협조의 정신에 위배되는 자기만족은 허용되지 않는다.

만일 당신이 친구와 교제를 하면서 당신의 위치를 지키기 원한다면 단지 명예만은 받아들이지 말라. 당신의 기쁨을 승리했을 때 같이 참여한 모든 사람과 나누어라. 명예만은 빛이다. 당신이 피라미드 정상에서 돌로 된 왕관을 쓰게 될지 모르나 그곳에서 계속 당신을 지켜주는 것은 다른 왕관이다.

당신이 한 모든 일에 대해서 올바른 평가를 받지는 못할 것이다. 당신이 풍부한 사상을 가졌으면서 사랑이 결핍된다면 당신의 모든 것이 올바르게 인식 받지 못할 것이다. 사람들은 당신이 평범한 인간이 되기를 바란다. 이 사실이 대조적으로 사람들을 헐값에 파는 바보가 되지 않게 한다.

이것은 성공적인 길의 둘째 이유인데 사람들은 당신이 특이하게 변화된 인간이 되지 않기를 바라면서 또한 그들 자신과 닮은 인간이 되거나 다른 사람의 모방이 되지 않기를 바란다. 자기의 영광을 되풀이하는 것은 영광을 무의미하게 하고 여러 사람과의 특이성을 잃게 되어 우둔한 교제자가 된다. 자신의 존재가 평가되는 두세 가지의 독특한 기량은 많은 우정을 얻을 수 있다.

개성이 없는 인간이나 독창성이 없이 내가 하려고 하는 일을 따라 하거나 내가 하고 싶은 말을 앞지르는 사람을 당신은 좋아하지 않을 것이다. 개성은 한 가지 일에 집중될 때 성공하는 것이다. 당신에게 밝은 길이 있다. 자기가 있는 곳에서 빛을 발하라. 당신만이 지닌 탁월한 분야에서 다른 사람들을 사상과 감정을 위해서 불을 밝혀라. 다른 사람들이 더욱 좋은 활동을 할 수 있는 분야에서는 그들을 위해 양보하면 자기가 무지하다는 것을 아는 사람과 어떤 분야를 전공했다고 나타내지 않는 사람은 자기가 아는 분야에 대해서도 주의를 기울여 듣는다.

대개 삶의 기술은 중요한 몇 가지에 의해 크게 좌우된다. 그것을 요약하면,

1. 웃을 줄 아나 지각없이 보이지 않고
2. 농담을 하되 싫증나지 않게 하고
3. 크게 웃을 때도 치아를 드러내 보이지 않고
4. 훌륭한 이야기는 단 한 번만 하고
5. 말할 줄 알면서 남의 말을 들을 줄 알고

6. 일할 줄 알면서 놀 줄 알고
7. 자기가 주장한 것은 실천할 줄 알며
8. 줄 줄도 알고 받을 줄도 알며
9. 초대 받았을 때는 말단에 앉는다.

등이다.

13

배 짱 있 게
살아갈 용기

自己愛는 건강한 자존심이다

자기애는 아집이 아니다.
자기애가 마음의 평화의 뿌리라 한다면 아집은 파괴적 긴장을 가져오는 독이다.
자기애는 건강한 자존심이다.
자기애는 부정적 긴장의 소용돌이에서 당신을 해방시켜 줄 것이다.

자기애는 건강한 자존심이다

자기애는 건강한 자존심이다

흔히들 자기애(自己愛)라 하면 나르시시즘이라든가 허영심이라든가 자기찬양으로 오해하고 있는 사람이 있을지 모르나 그것들과는 분명 다르다.

　자기애는 자기찬미가 아니다. 이를테면 그것은 당신이 무척이나 중요한 존재라고 뻐기면서 누리고 있는 지위나 소유하는 진귀한 물건을 끊임없이 자랑하는 그러한 경향이 아닌 것이다.

　자기애는 거만하다거나 우쭐거리는 것이 아니다. 그것은 당신이 다른 사람보다 훨씬 월등하다고 느낄 때 다른 사람에게 취하는 겸손한 태도와는 다르다. 그것은 다른 사람들을 당신 스스로와 마찬가지로 사랑하는 것이며 그들의 출신성분이라든가 사회적인 배경, 인종, 또는 종교에 전혀 개의함이 없이 그들을 당신 자신과 같이 사랑한다는 것을 말한다.

　자기애는 아집(我執)이 아니다. 아집은 실제로는 자기 방어적이고 위험하며 악마적인 것이며 불안정하다. 자기애를 갖지 못한 사람들은 곧잘 아집에 사로잡힌다. 자기애가 마음의 평화를 가져오는 근본 뿌리라 한다면 아집은 파괴적 긴장을 가져오는 원칙이라고까지 할 수 있다.

　아집이란 덜되고 거칠며 사리분별이 깊지 못한 이기주의적인 것이며 "나는 내가 원할 때 원하는 것을 구한다"는 우스꽝스러운 태도나 논리에 취하곤 한다. 아집은 마음 깊숙한 곳이 너무나 불안정하여 타협하지 못하는 사람의 딱딱하고 굽히지 못하는 완고한 정신이다. 그러한 사람은 너무도 자기애가 결여되어 있어서 너그럽게 자기 자신을 양보하지 못한다. 그리고 여러 사람 앞에서 자기가 실수를 한 것이라고 공표하기에 너무도 자신감이 결여되어 있다. 완고한 아집은 불안정한 사람의 긴장을 낳는 행위이다. 비극적인 긴장의 악순환이 반복될 뿐이며 반대, 적의, 후회, 질투, 갈등과 같은 정신적 분위기가 우리를 둘러싼다. 이러한 모든 것은 말할 필요도 없이 아집에 사로잡힌 사람에게 또 다른 새로운 긴장과 난관을 심어줄 것이다. 그리고 새로운 긴장은 제각기 절망적이고 방어적이며 불안정한 행위를 강화시키고자 할 뿐이다. 그는 이제 긴장의 소용돌이 가운데 사로잡혀 끝없이 헤매게 될 것이다. 그러면 자기애란 도대체 무엇을 말하는가?

　기본적으로 자기애는 당신 스스로를 존경하는 것을 말하며 희랍인들이 말했다시피 '자애에 대한 존경'을 말한다. 자기애는 이 밖에도 수

많은 여러 가지 형태로 표현할 수가 있다.

자기애는 건강한 자존심을 말한다. 그것은 당신이 어떠한 사람인가에 대해서 긍지를 가지고 있는 것이다. 자기애가 없이는 많은 사람들은 자기들의 조상이 처음 미국 땅에 들어왔을 때의 초라한 생활에 대해 부끄럽게 생각할 것이다. 그들은 두려운 눈으로 유럽귀족의 혈통임을 자랑하는 사람들이나 메이플라워호를 타고 미국에 정착하러 온 조상의 후예임을 자랑하는 사람들을 바라볼 것이다. "내 핏속에는 왕가의 혈통이 꿈틀대는 걸 느낄 수 있어" 하면서 자랑스럽게 내게 이야기해오는 깜둥이 친구는 덧붙이기를,

"나는 내 심장에 아프리카 추장의 피를 가지고 있을지 어떨지는 모르겠어. 하지만 내가 알기로는 나는 이 땅에 최초로 정착한 사람들 중의 후예라는 것이야. 그리고 우리 조상은 비록 노예였다고는 하지만 오늘의 이 나라를 만들기 위해 희생적으로 노력했었지"라고 말한다. 당신의 조상이 어디에서 왔던가에 상관없이 그 곳에는 세계의 다른 어떤 곳에서도 찾을 수 없는 문제가 존재했고 또 존재한다.

영국의 유명한 수상이었던 벤자민 디즈레일리는 그가 유태인이라는 이유 때문에 정치적 시련을 겪은 적이 있었다. 그러자 그는 대답하기를,

"그래요, 나는 유태인이올시다. 우리 조상은 여러 신사 어른들의 조상이 미개한 야만상태로 외부세계에 알려지지 않은 섬에서 살고 있을 때, 솔로몬 궁전의 제사장(祭司長)이었습니다"라고 하였다.

자기애를 깨달은 건강한 자신감을 발전시키고 표현할 줄 안다. 자

신감이 결여된다는 것은 마음의 평화와 행복, 나아가서는 인생에서의 성공에 이르는 중요한 수단이 사라져버린 것을 뜻한다. 왜냐하면 자신감이란 문제점을 파악하고 해결하는 당신의 능력을 믿는 것이기 때문이다. 또한 자신감은 당신을 가치 있는 성공적으로 이끌 수 있고 또 할 것이라는 것을 아는 것이다. 이와 같이 자신감은 당신에게 침착하게 인생의 도전을 극복하도록 해 준다.

자신 있는 사람은 기꺼이 정직하고 꾸밈이 없는 사람이 될 수가 있다. 그는 자신을 독특한 개인으로 생각한다. 그는 전혀 성격상의 하자가 없다.

그는 굉장한 정열가가 된다. 정직한 사람만이 열정적으로 될 수가 있다. 불안정한 사람들은 그들의 비밀을 은폐하고 대중의 눈으로부터 그것을 감추고자 한다. 그들은 긴장되고 감정적인 장벽을 쌓음으로써 끊임없이 정열적이고자 하는 자신들의 성향을 억제한다. 이것이 되도록이면 다른 사람에게 말을 적게 하고 비밀을 누설하지 않고자하고 자신의 진실된 면을 노출시키지 않으려는 후천적인 자기방어의 메커니즘이라는 것이다. 이와는 달리 정직한 사람들은 정말이지 숨길 것이 없이 자연스럽다. 그들은 전혀 숨길 것이라곤 없으므로 정열적 이게 마련이다.

자신에 대해 정열적인 사람은 자신감을 갖게 되고 정신적 평온을 유지한다. 그는 뒤로 물러서거나 잘못을 시인하는 것이 쉬운 노릇이라는 걸 깨닫는다. 그리고 새로운 서광이 비추이면 그는 어느 때든지 마음을 고쳐먹을 수 있다. 그는 방어적인 사람이기보다는 이제는 건설적인 비판에 대해서는 서슴없이 받아들일 아량이 있다.

"제 계획에 문제점이라도 있을까?"라든가

"이 일은 어떻게 하면 좀 나아질 수 있을까요?"라든지

"도움 주실 말씀이라도 있으신지요?"라고 말하는 것이 자기애를 실천하는 사람만이 할 법한 물음이다. 이와 같은 자신에 찬 행위가 그의 감정에 역동적인 활력을 제공한다. 그러한 사람이 내풍기는 분위기는 신뢰, 존경, 애정과 같은 것이다.

다른 사람들은 이제 그를 대하는 태도에 있어서 전과는 달리 융숭해진다. 그들은 그에게 창조적 비판을 아끼지 않음으로써 실수를 줄이고 그가 이룩한 성과를 부추겨 주며 타인과의 인간관계를 돈독히 해 준다. 그리고 이러한 것들로 인해서 자기 자신에 대한 긍지는 더욱 더 높아가게 된다. 그는 마음의 평화라는 여행길을 떠난다. 왜냐하면 자기 주위 사람들에게도 평화를 선사하고 다니기 때문이다. 이제 비로소 가야 할 길에 들어선 것이다.

이제 당신도 아셨다시피 자기애는 진정한 마음의 평화의 핵심을 이루고 있다. 강력한 자기애를 형성하기 위해 다음의 원칙들을 쓰게 됨에 따라 당신의 성격상의 여러 가지의 적극적인 변화를 하게 될 것이다. 그러한 변화는 자기발견, 자기수련, 자기발전, 자기헌신 등을 포함한다. 이러한 모든 변화는 책임감 있는 사람—마음의 평화가 목적이자 수단이 되게 하는 데 있어서 일익을 담당하는 것들이다.

뿐만 아니라 마음이 평온해지게 되면 아직까지는 당신 내부에서 발견할 수 없었던 전혀 손해 보지 못한 자원들을 겉으로 보기에는 말라 비틀어져 아무것도 없을 성 싶은 사막 가운데에 엄청난 석유가 매장되어 있고, 깊은 산중에 값비싼 광석이 매장되어 있듯이 우리 마음 가운데에도 발견되어 개발되기만을 기다리는 정신적, 지적 자원이 매장되어 있다.

강력한 자기애 형성을 위한 11가지 단계

이제 당신은 성격상의 변화를 실현했을 것이다. 자신감을 갖는다는 것, 안정한다는 것, 마음을 평안하게 유지한다는 것—그러한 것들이 무엇을 말하는지 알았을 것이다. 그러면 어떻게 하여 거기에 도달할 수 있을까?

1. 경쟁에 창조적으로 대처하는 방안을 강구하라

아마도 '경쟁'이라는 것만큼 자기애를 해치고 질투, 복수, 근심, 실망감, 죄의식 등과 같은, 사람을 못살게 구는 긴장을 조성하게 하고 사람들로부터 마음의 평화를 탈취해 가는 것은 없을 것이다. 밀가루를 빻아내는 낡은 물레방아에 쓰인 물과 같이 경쟁은 쉼 없이 서서히 밀려온다. 그리고 그것은 강력하여 태어난 날부터 죽는 날까지 우리 인격을 괴롭히는 것을 멈추지 아니한다.

경쟁은 부정적 사고의 손아귀에 방치되어 물레방아를 엄습하는 물과 같이 모든 사람의 자존심을 유린해 버린다. 그렇지만 경쟁도 가능성의 사고에 의해 통제되는 날에는 우리 인격에 정말 다이내믹하고 건설적인 영향을 미치게 된다.

태어나면서 아이들은 울게 마련인데 이것은 어머니의 애정을 갈구하는 경쟁행위이다. 걸음마를 배우기 시작하는 어린아이는 다른 아이와 장난감을 서로 먼저 차지하려고 경쟁한다. 어린애와 아버지는 어머니의 애정을 놓고 서로 경쟁하며 또한 어린애와 어머니는 아버지의 총애를 독차지하고자 서로 다툰다.

형제와 자매들 사이에서도 사정은 마찬가지다. 그들은 서로 귀여움을 독차지하고자 경쟁을 한다. 학교에서는 학생들 간에 경쟁이 벌어진다. 낙오하고 자기를 사랑하지 않는 사람들은 긴장에 가득 찬 생활을 계속하게 된다. 그것은 그들이 유아기, 성인시절 혹은 청년시절에 고의적으로 실패해 버리고자 했기 때문이며 경쟁을 고의적으로 회피해 버렸기 때문이다.

만약 당신이 깊은 내적 평화를 원한다면 이러한 방법이 경쟁에 대처하는 방법은 분명 아니다. 당신이 스스로의 잠재능력을 최대한 계발(啓發)할 수 있는 기회를 포착했다고 느끼는 순간, 경쟁에 대한 반응을 스스로 떨구어 내버리는 것만이 경쟁에 대처하는 유일한 방법이다. 그러고 나면 부끄러움을 박살내는 자기애가 당신에게 찾아올 것이다.

성공적으로 경쟁에 대처하는 길은 가능성의 사고를 습득하는 것이

지름길이다. 다른 사람이 아니라 당신 자신에게 초점을 맞추어 보라. 당신 스스로에게 경쟁을 걸고 다른 사람에 대해서는 경쟁하지 마라. 그러면 절대로 남에게 지는 법은 없을 것이다. 당신 자신과 대결하여 당신이 진다면 이긴 사람이 누구겠는가. 조금 전에 달성한 성과를 조금 더 향상시키고자 노력하라. 그러면 목표에 도달해 있는 자신을 발견하고서는 놀라게 될 것이다. 몇 년 동안이고 이것을 발휘하라. 직업에 있어서의 성과라든지 대인관계에 있어서의 성과만이 아니고 지적(知的)인 성장에 있어서도 놀라운 변화가 나타날 것이다.

   당신은 아마도 실패를 두려워하면서 살게 되지는 않을 것이다. 자기 자신의 최상의 상태를 능가하고자 힘쓰는 사람이 실패에 머무르고 말지는 않을 것이다. 반드시 이 점은 기억해 두어야 한다. 그것은 당신 자신에 대해 경쟁하고자 노력한다면 반드시 이기고 성공할 것이라는 점이다.

2. 자신을 스스로 격려하라

만약 당신을 헐뜯는 사람이 있다는 것을 안다면 당신은 적이 있다는 것을 알 것이다. 만약 이 사람이 당신의 이야기도 제대로 경청하지 않은 채 당신의 훌륭한 생각들을 깔아뭉개버린다면 정말 화가 치밀어 오를 것이다.

   그런데 그게 옳은 일일까?

   절대로 그렇지 않다. 잘못된 일이다. 왜냐하면 당신의 생각을 훌륭하고 최선의 것으로 이야기했고 또 지금도 그렇게 이야기하고 있는 사람들이 있는데도 당신은 조용히 일부러 수동적으로 그들의 이야기를 못들은 척 했기 때문이다. 말하자면 다른 사람 또는 다른 어떤 것보다도 당신을 깔본 것은 당신 자신이기 때문이다. 당신 자신의 훌륭한 생각들을 암살해버린 것은 당신 자신이었던 것이다.

당신의 마음속에 훌륭한 생각이 떠오르는데도 "하지만 그건 도저히 불가능한 일이야"하고서 당신 자신은 조용히 말한다. 실제로 우리들의 일상생활 가운데서는 이와 같이 훌륭한 생각이 떠오르는데도 스스로 팽개쳐 버리는 일이 비일비재하다. 다른 사회적, 심리적, 또는 정신적 요인들만큼 이러한 요인이 개인의 실패 및 자기존경의 훼손에 큰 원인이 되고 있다.

긍정적인 자기 이미지를 형성하기 위해서 자기 자신의 훌륭한 생각들을 열심히 받아들임으로써 자기 자신을 격려해보라. 당신의 꿈을 가능성의 사고를 통해서 격려한다면, 당신 자신이나 다른 사람들에게, 훌륭하지만 불가능하게 여겨졌던 생각이 실현 가능하다는 것을 보여 줌으로써 커다란 충격을 줄 수 있을 것이다. 이제 이러한 사고를 습관화시키고 그 습관이 쌓이고 굳어져 새로운 생활태도가 형성되면 이 생활태도를 견지함으로써 값비싼 삶의 보람을 느끼게 될 것이다.

낭비는 어떠한 낭비이건 막론하고 모두 옳지 않으나 그 중에서도 가장 슬픈 낭비는 하나님이 당신에게 선사하신 최상의, 가장 영롱하고 가장 중요한 생각을 쓸모없이 허비해 버리는 일이다.

3. 자신의 오점을 없애 줄 원인을 발견하라

자신의 흠을 받아들이고 건설적으로 해결하게 될 때 당신은 성숙하고 안정된 자기 이미지를 형성하는 데 있어서 크게 도약할 것이다.

먼저 힘껏 노력하되 결코 완전에 도달한 것으로 여기지 말라. 자기 자신을 기꺼이 불완전하고 흠이 가득한 사람으로 생각하라. 당신 자신의 불완전성을 시인함으로써 자신 및 타인들로 하여금 포근함을 느껴 마음의 평안을 찾도록 하라. 그리고 세상에 죄 없는 목사, 랍비는 어느 곳에서도 찾을 수 없다는 것을 항시 염두에 두고 있으라. 완고하고 흠집을 찾아볼 수 없는 어머니도 이 세상에는 존재하지 않는다. 모든 질문에 척척 대답해 주는 그런 교수도 찾을 수 없는 법이다. 또한 전혀 실수란 해본 적이 없는 재판관도 찾을 수 없다. 이 세상에서는 오로지 예수 그리스도만이 완전하였다. 너무나도 분명하고 엄청나게 중요한 사실은 당신의 힘과 나약함을 당신 자신이 안다는 사실이다. 그리고는 당신이 솔직하고 굽히지 않으며 정열적으로 성격상의 흠들에 정면 대결하면서 최대한 성격상 장점을 감지하고 거름을 주며 발전시켜야 한다. 끊임없이 생활에 대한 성격상의 부정적 영향을 줄이거나 없애도록 노력하라. 그러한 과정에 있어서 첫째로 불완전성에 대해 방어적으로 되어서는 안 된다. 다른 사람이나 자기 자신의 부정적 자아로부터 열화와 같은 비판에 부닥치더라도 긴장을 해소하는 다음과 같은 반응을 보일 것이다.

"그래 잘 알겠다. 네 말이 옳다. 내가 잘못한 거야. 그래서 이렇게 고치고 있잖아. 자, 새로운 도전이다. 정말 재미있는 걸."

둘째로 자신의 성격상 결함을 고쳐가는 과정에서 그 진행속도가 느리고 답답하다 해서 절대로 실망하거나 좌절해서는 안 된다. 셋째로 당신의 실정과는 다른 흉내를 내는 등 결코 위선적이어서는 안 된다. 위선자는 자기 수준에 맞추어 살아갈 수 없는 사람을 일컫는 것이 아니다. 오히려 그것은 모든 사람이 다 그러하다. 다만 위선자는 자기 수준에 맞추어 살아가지 못하면서도 마치 재판관의 태도를 가지고 자기가 결점이 하나 없는 사람인 양 타인들에게 인상을 심어 주고자 헛되이 노력하는 사람이다.

그러면 어떻게 당신의 강점과 약점을 평가할 수 있을까? 그것은 진실되고 믿음직한 친구를 찾아서 평가해 달라고 하면 된다. 그가 당신에 대해 말하는 것을 듣게 되면 당신은 희한하다는 생각까지 가질지도 모른다. 왜냐하면 우리들은 마음속에 각기 자신에 대한 왜곡된 평가를 하고 있기 때문이다. 정직한 친구로부터 듣게 된 자신의 모습을 본다는 것은 마치 다른 사람이 사진기로 당신 외모를 찍은 사진을 보고서 "내가 이렇게 생겼단 말이야?" 하고 외치는 심정과 비슷하다.

여기서 한 마디 주의를 주고 싶은 게 있다. 아니, 주의라 해도 좋고 격려라 해도 좋을 이야기다. 당신의 가장 큰 약점과 강점(장점)은 서로 불가분의 관계에 있다는 것을 알아야 한다는 것이다. 어떤 사람에게 있어서나 그 사람의 장점은 약점을 동시에 포함하고 있다. 그와 마찬가지로 모든 사람의 약점은 나름대로 장점을 포함하고 있다. 예를 들면 다음과 같다.

겸손하다—너무나 부끄러워하는 사람, 조용조용한 사람은 자주 이야기하는 일이 없을 뿐더러 크게 이야기해야 할 때 그러하지 못한다.

정열적이다—정열적인 장점 대신에 너무나도 수다스레 말이 많다.

공격적이다—너무나 난폭한 일이 자주 있다.

힘이 세다—다른 사람들을 협박하는 일이 있다.

그렇다면 어떻게 함으로써 장단점을 융화시켜갈 수 있을까? 그것은 당신 자신을 성장하고 새로이 나타나며 투쟁하고 성공하는 존재로서 받아들이면서도 동시에 불완전한 존재로 받아들임으로써 가능하다. 그러면 당신은 머지않아 정열적인 사람이 될 것이며 불완전하지만 멋진 사람이 될 것임에 틀림이 없다.

4. 자신의 지나간 잘못을 관대히 용서하라

과거에 행한 잘못에 대해 용서하도록 노력하라. 비록 그 잘못을 한 것이 바로 어제였을 지라도. 왜냐하면 매일 매일은 새로운 날이라는 걸 기억해야만 하기 때문이다. 하나님께서도 너를 용서하신 것을 기억하라. 마찬가지로 이번에는 네가 네 자신을 너그러이 받아들일 차례이다. 하나님-나를 용서해주신-이 내 안에 거하신다는 것을 깨닫고 몇 번이건 너 자신을 긍정하고 너 자신을 용서한다. 그리고 만약 네 마음 가운데 "그때 달리 했었더라면……"하는 식의 후회하는 생각이 떠오르거든 미래를 내다보고 "이 다음번에는 꼭 성공해야지"하고 자신에게 다짐하는 것이 좋다.

5. 당신의 성격이나 외모를 탓하지 말라

당신 자신을 포용하도록 노력하라. 절대로 얼굴 모양새를 탓한다든지 자신의 피부빛깔을 욕하지 말라. 자신의 목소리가 곱지 못하다고 욕하지 말 것이며 키가 너무 크다든지 작다고 힐책하지 말라. 나는 목사로서 텔레비전에 출연하여 설교를 오래 해오면서 미스 아메리카를 만난 적도 있는데 그런 여자들까지도 자신의 외모에 흠이 있다고 생각하고 있을 정도이다. 자신의 어떠한 흠이라고 할지라도 그것은 당신 신체의 일부분이다. 이제 당신 마음대로 그러한 모양을 바꿀 수는 없다. 하나님은 그가 원하신 대로 당신의 지금 있는 대로의 모양을 만드셨다. 마치 두 개의 눈송이가 똑같은 모양을 가진 것이라곤 찾을 수 없듯이 어떠한 사람도 두 사람이 완전히 닮은 사람이란 존재할 수 없다. 당신은 독특한 존재이다. 세상에는 당신과 완전히 닮은 사람이란 존재하지 않으며 하나님은 당신의 현재의 모습 그대로를 사랑한다.

6. 당신 자신을 끊임없이 변경하라

당신 자신을 개선시키고자 노력하라. 당신의 성격이란 복잡다단하여 여러 측면을 가지고 있으며 조건 및 상황 변경에 따라서 변화되기가 쉽다. 당신은 변화로 인해서 나아질 수도 있고 나빠질 수도 있다. 당신이 선택할 자유가 있는 것이다.

세상에는 사람이란 변하지 않는 거라고 믿는 이들이 있다. 그들이 믿기로는 사람은 그 생활의 좁은 영역 내에서는 변화할 수 있지만 성격이 완전히 달라진다던지 하는 일이란 있을 수 없다는 것이다. 그러나 실제로는 인간은 변하고 당신도 역시 하나님의 도움으로 변화할 수가 있다.

산 켄틴형무소의 간수 클린튼 더피는 죄수들의 사회갱생을 책임지고 있던 사람이다. 그는 죄수들 가운데 많은 사람들이 중죄를 저지르고 사회로부터 격리된 상태에서 사회의 많은 사람들에게 기여를 하게 되는 것을 보았다.

수형(受刑)제도를 총괄적으로 관상하는 기구인 캘리포니아 어덜트 오소리티의 멤버 가운데 한 사람은 인간의 성격이 일단 형성되면 다시는 변하지 않는다고 믿는 냉소주의적인 사람이었다. 그는 그의 이러한 냉소주의적 태도를 나타내는 말로서 "표범은 결코 자기 표적을 놓치는 법이 없다"고 표현하고 있었다. 더피의 그에 대한 반론은 그를 꼼짝달싹하지 못하게 했는데 더피는 말하기를,

"우리는 산 켄틴형무소에 표범을 수용하는 것이 아니라 인간을 가두어 놓고 있다는 것을 알았으면 합니다. 그런데 인간은 변화할 수 있을 뿐더러 변화하고 있습니다."

완전한 사람은 없다. 당신은 나와 마찬가지로 개선할 점이 있는 사람이다. 당신은 장차 좀 나아지기 위해 노력할 것이라 생각하는데 그것은 당신이 자기 계발을 위한 이 책을 읽음으로써 좀 더 나아지고자 노력하고 있기 때문이다.

새로운 환경에 처하고 새로운 일을 하며 새로운 경험을 쌓아감에 따라서 당신이 되고자 했던 좀 더 나은 멋진 사람이 되도록 하라.

7. 원대한 동기에 너 자신을 의탁하라

지금은 비록 고독하고 외로운 생활인 듯 하지만 시간이 지나고 차원이 달라지면 결코 외롭지 않으리라는 것을 믿어야 한다. 강력한 자기확신은 어디엔가 소속이 있다는 감정으로부터 나온다. 그 동기는 정치적, 종교적, 환경 보존적 또는 인도적 동기 등 여러 가지일 수가 있다. 그 동기야 어찌 되었든지 매우 중요한 계획에 참여하고 있다는 것을 생각해야만 한다. 참여하라. 주연배우가 무대의 중심에서 집중 조명을 받듯이 당신도 무대의 중앙으로 나오라. 당신은 자기애를 발동시킬 것이다. 왜냐하면 책임감은 당신의 욕구를 충족시키고 자기애는 우리의 삶이 인간가족에 공헌하고 있다는 것을 알 때 나타나기 때문이다. 수많은 상처를 받고 외로운 사람들이 다정한 삶, 도움의 손길, 이야기를 들어 줄 귀를 간절히 바라고 있는 세상에서 아무런 욕구도 느끼지 못한다는 것을 변명할 도리는 없다.

8. 당신은 성공하리라고 믿으라

성공보다 어떤 사람의 자존심을 부추겨주고 실패만큼 어떤 사람의 자존심을 약화시키는 건 없다. 나는 성공에 관해서 여러 번 글을 쓴 적이 있다. 왜냐하면 내가 알기로는 실패감이 자기 이미지를 몹시 침식하기 때문에 성공에 대해 여러 가지로 내 나름으로는 생각해 보았던 것이다. 당신은 직장에서건 사생활에 있어서건 당신이 성공할 만큼 능력이 있다는 걸 확신함으로써 성공할 수 있을 것이다. 남편으로서 아내로서 어머니, 아버지로서, 그리고 교회에서, 성당에서, 절에서 또는 운동경기의 선수로서 성공하리라는 걸 확신하라.

사람들은 종종 '믿기 전에 봐야 한다'고 말하는 걸 볼 수 있다. 이 말은 심리학적 관점에서 볼 때 무언가 잘못되어 있다. 그보다는 오히려 '보기 전에 믿어야 한다'고 말하는 것이 옳은 말이다. 당신이 곧 그리고 반드시 성공할 것이라고 믿어 보라. 소로우의 다음 구절을 기억해 두면 좋겠다.

"만약 어떤 사람이 자신감을 가지고 그의 꿈을 달성하고자 노력한다면, 그는 그러한 노력을 하지 않고 그럭저럭 살아갔더라면 감히 상상조차 할 수 없었던 성공의 길목에 들어설 것 이다."

9. 당신 자신을 사랑하라

어떤 사람들은 자기애를 불신하고 두려워하며 깊이 회의하는 경향이 있다. 그들은 생각하기를 "난 겸손함을 상실할지도 몰라."라고 말하면서, 또한 "나는 냉소적이라든가 거만하다거나 자부심이 지나쳐서는 안 돼"라고 자신을 나무라기를 그치지 않는다. 이러한 연관 아래서 다음 세 가지를 말할 수 있다.

첫째는 신께서 인간을 비천하게 보신다는 일은 쉬운 일이지만 신으로서도 우리 인간으로 하여금 인간을 믿고 확신하게 한다는 것은 어렵다.

둘째로 진실로 자기를 사랑하는 사람은 내적으로 안정되고 자신감에 넘쳐서 그는 자연히 겸허하게 된다. 바로 이 점은 왜 위대한 사람일수록 마음이 평온한 상태에 있는지를 잘 설명해주는 좋은 이유이다. 그들은 조금도 잘난 체하지를 않는다. 그들은 조금도 자신이 거창한 사람이라는 걸 남에게 과시할 필요를 느끼지 않는다. 그러면 도대체 겸손이란 무엇인가? 그것은 자신을 덜 생각하는 게 아니라 남을 좀 더 깊이 생각한다는 것을 뜻한다.

셋째로 자기를 사랑하는 사람은 활달하고 솔직한 사람이다. 그는 자기 자신에 대해서도 완전히 자유로워져서 진정으로 정열적이게 된다.

그렇다고 이와 같은 자기 자신을 긍정적으로 나타내는 자유스러움을 가리켜서 겸손함이 부족하다고 탓해서는 안 된다. 그렇게 생각한다면 그것은 잘못 판단한 때문이고 그러한 오판은 완숙한 자유스러움이 우리 스스로에게 부족하다는 것을 폭로하는 것이다.

10. 끊임없이 정직하라

어떤 일에 정직한다는 것은 자아를 강력하게 만들어 준다. 모든 사람은 끊일 새 없이 자아에 자양을 제공하여야 할 필요가 있다. 그러나 정진하고자 하는 충동은 자아를 흔드는 것으로 비난받아야 할 것은 아니다. 오히려 그것은 경건한 예배라 부를 만한 것이다. 하나님은 우리들 인간에게 값진 보석과도 같은 좋은 기회를 줄 뿐더러 훌륭한 생각들을 보내 준다. 우리는 이러한 경건한 꿈들을 존경심을 가지고 받아들이고 갈고 닦아서 그러한 꿈을 현실 가운데 실현해야만 한다.

자, 이제는 자신을 위한 도덕적 목표(기준)를 설정하고 그 기준에 맞도록 살도록 애써 보라. 당신은 흔쾌히 세속적 긴장을 떨쳐 버리고 그 대신 마음의 평안을 얻을 것이다. 그리고 영원한 마음의 평화는 아름답고 창조적이며 건설적인 이상에 헌신함으로써 도덕성을 개발할 수 있는 자기 수양이 된 그러한 사람만이 받는 비길 데 없이 귀중한 보상이다.

자기애를 형성하는 과정에서 주위 사람들의 자부심의 수준을 끌어올릴 것이다. 그건 스포츠 관람이나 영화 관람을 하는 경우에 관중들이 배우나 운동선수를 자기 자신이나 된 듯이 착각하는 것과 비슷한 논리이다. 당신이 이룩해 놓은 도덕적 성과를 통해서 이웃 동료들로 하여금 당신의 높고 고상하며 도덕적 헌신에로 이끄는 광경을 목격함으로써 그들을 가슴 뿌듯하게 느끼도록 만들기 때문이다.

그런데 당신은 이웃 사람들의 자존심을 높여 주는 것 이상의 일을 하고 있다. 고독하지만 아름다운 존재인 당신이 일단 인류의 자부심을 끌어 올리고 있다는 생각이 떠오르는 때에는 당신의 자기애는 더욱 더 고양될 것이기 때문이다. 말하자면 그것은 모든 인간이 서로 다른 사람들과 뗄 수 없는 밀접한 관계에 놓여 있다는 것을 이야기해 준다.

두 말할 필요도 없는 이야기지만 우리는 서로 피를 나눈 친척지간이 아닌가? 우리는 모두 아담과 이브의 자손들이기 때문이다. 우리는 모두 혈연관계 하에 놓여 있기 때문에 어떤 사람이 하고자 하는 일은 어떤 의미에서는 그리고 언제인가에는 다른 사람들의 생활에 영향을 끼치기 마련이다. 예를 들면 나의 형이 명성을 얻게 될 때에 우리들 모두가 "저 사람이 바로 내 형님이야"라고 자랑스럽게 말하는 것이 그러한 좋은 본보기이다. 그와는 달리 만약에 그가 사회적으로 부끄러운 일을 여러 사람 앞에서 저질렀을 때는 모두 크게 당황하기 마련이다.

따라서 만약에 비록 그것이 아무리 기분 좋은 일이고 마음 흡족한 일일지라도 그 일이 나 자신이나 다른 사람을 부끄럽게 한 일을 한 경우에는 나는 내 가족들에게 모욕을 안겨 준다. 나는 인류의 자부심을 깎아내리는 데 일조를 한 셈이다.

현대철학은 비논리적이며 쓸모없고 말할 수 없이 위험하며 어떤 경우에는 많은 사람들에게 커다란 해독을 끼칠 수도 있다. 이 철학은 인간이 언제 어디서이든 그가 원하는 바를 얻고자 합리화시키는 사람들, 말하자면 썩어빠지고 이기적이며 근본적으로 비도덕적인 사람이 곧잘 행하는 것일 뿐이다.

비도덕성을 가르치는 철학은 "내가 원하는 것은 무엇이며 즐기는 것은 무엇인가?"고 질문을 제기한다.
 그러나 도덕성은 철학과는 달리 "무엇이 옳고 최선인가?"고 물음을 제기한다. 인간이 행하는 모든 도덕적인 행위 및 비도덕적 행위는 이웃 인간들의 정신세계에 영향을 미치게 마련이다. 말하자면 우리 인간은 유기적인 공동체이기 때문이다.

11. 자기형성을 돕도록 하라

모든 사람이 모두 자신을 사랑하고자 고군분투한다는 점을 기억하라. 특히 당신이 다른 사람들로부터 거칠고 무리한 대접을 받을 때일수록 당신은 모든 사람들이 그들 자신을 사랑하고자 고군분투한다는 것을 깨닫게 될 것이다.
 자기애를 진정으로 실현시키기 위해 우선 당신 주위의 자존심조차 팽개쳐 버리고 간절히 도움을 청하는 사람들을 생각하는 것에서부터 시작하라. 당신은 용기를 잃고 찌그러든 수많은 사람들이 살고 있다는 것을 발견할 것이다. 그들은 아직 자기애를 어떻게 형성할 것인지 그 방법에 관해서 전혀 알지 못한다. 또한 아직 어떻게 하면 효과적으로 경쟁에 대처할 것인지, 그리고 불안정을 어떻게 극복할 것인지에 관해서 전혀 알지 못한다.
 당신은 그들로 하여금 그러한 방법을 터득할 수 있도록 도울 수 있다. 당신이 알아낸 비법을 그들과 나누어 갖도록 하라. 그러면 그 보상은 배우는 사람들이 받게 되는 것이 아니라 생각과는 달리 비법을 가르쳐 준 당신 스스로가 받게 될 것이다. 뿐만 아니라 당신은 마음 깊숙히서부터 당신이 훌륭한 사람이라는 느낌을 자각하게 될 것이다. 이제 당신은 자기애를 실천하고 증명해 보인 셈이다. 만약에 어떤 사람이 자신의 생명을 구하고자 애를 태우면 그럴수록 그는 도리어 생명을 잃어버릴 것이다. 그러나 만약에 그가 목숨을 버린다면 새로운 생명을 얻게 될 것이라는 중요한 원리를 명심할 필요가 있다.

일단 강한 자기애를 달성하고 나면 당신은 부정적 긴장의 소용돌이에서 당신 자신이 해방되어 있다는 것을 깨닫게 될 것이다. 긍정적인 자기 이미지를 확립함으로써 당신은 이제 내적 긴장이나 갈등을 해소하고 그 대신에 마음의 평화, 조화, 힘, 창조력을 지니게 될 것이다. 말하자면 당신은 이제 스스로 마음이 평안하고 또 다른 사람을 평안하게 만드는 사람이 되는 길에 한 발짝 더욱 더 가까워진 셈이라 할 수 있다.

**배 짱 있 게
살아갈 용기**

내일은 당신을 환영한다

내일에는 새 정상 정복의 경험을 가지게 하는
새 기회가 있다.
우선 꿈꾸기를 시작하라.
꿈은 욕망을 갖게 하고 욕망은 행동하게 하고
행동은 결정하게 하며 결정은 노력하게 한다.

내일은 당신을 환영한다

인간은 진실로 무엇을 원하는가? 유명한 정신과 의사들에게 그런 질문을 던질 때 그들은 각기 다른 해답을 제시했다.

프로이드는 모든 인간이 '쾌락의지'를 가지고 있다고 말했고, 아들러는 모든 인간이 '권력의지'를 가지고 있다고 말했으며, 프랭켈은 '의미의지'를 가지고 있다고 말했다. 당신의 마음속에 있는 가장 강력한 욕망에 대한 해답을 이러한 주된 학설들이 말해 준다.

당신은 인생에서 쾌락, 권력, 혹은 의미 중 하나나 아니면 그들 모두를 추구하고 있는 것이다. 이러한 학설들 때문에 사람들은 이모저모로 활약하고 있는 것이다. 그리고 인간이 추구하고 있는 것은 또 한 가지가 더 있다. 그것은 '자존심의지'이다.

자존심의지는 인간의 궁극적인 필요와 갈망이다. 그러므로 만일 당신의 가치관 속에 쾌락, 권력, 의미, 혹은 자존심에 대한 모순이 있다면 품위를 향상시키는 통로를 하나 선택하라.

그렇게 함으로써 당신은 성공하려고 노력할 것이다. 왜냐하면 성공은 마음속에 있는 자존심을 강화시키고, 실패는 자존심을 위협하기 때문이다. 실망한 교수, 실패한 학생, 이혼한 부모, 나이든 실적 미달자에게 물어 본다면, 실패가 자존심을 해친다는 것을 당장 알 수 있을 것이다. 자존심이 부족한 사람들은 주위의 사람들을 만나기를 꺼린다. 분명히 성공은 고상한 목표이다.

실제로 성공은 유익한 목표이고 실패는 무익한 목표이다. 세상에 있는 수많은 사람들에게 도움을 주지 않는다면 성공하기는 불가능하다.

성공의 비결은 간단하다. 그것은 상처를 발견하고 고치는 것이다. 문제를 발견하고 해결하는 것이다.

어떤 사업가라도 상품이나 서비스를 판매의 비결(필요를 찾아서 그것을 충족시켜라)을 중심으로 보급하고 경영하지 않는다면 성공할 수가 없다. 다시 말해서 자기의 가치관이나 실제적인 필요, 그리고 회사의 정책이나 전통에 근거치 아니하고 시장의 경기를 악화시키는 일시적인 시간적 문제들을 근거로 목표를 설정하는 사업가는 성공할 수가 없다는 의미이다.

물론이다. 세상에 있는 수많은 사람들에게 도움을 주지 않는다면 성공하기는 불가능하다. 그리고 그것의 반대도 역시 사실이다. 만일 당신이 타인들이 필요로 하는 것을 충족시키지 않는다면, 틀림없이 실패하게 될 것이다.

그리고 실패는 무엇을 의미하는가? 만일 선생, 종교계의 지도자, 부모, 혹은 사업가가 실패한다면, 누가 상처를 입는가? 수십 명의, 수백 명의, 혹은 수천 명의 순진한 사람들이 피해를 본다. 그들이 실제로 낙오자가 된다.

그러므로 가치관 속에는 실패를 목표로 삼을 수도 있다는 개념을 담아서는 안 된다. 성공의 대용물은 없다. 자존심과 타인을 귀중하게 생각하는 사람들은 실패가 미덕이 아님을 잘 알고 있다.

당신은 어떤 사람이 남달리 성공을 거두고 있는 것을 본 적이 있는가? 예의 새로운 성취는 과거의 것보다 우수하게 보일 것이다. 모든 새로운 성취는 마지막 성공을 거둘 수 있는 발판처럼 보일 것이다.

작은 성취들이 모이면 큰 성취가 된다. 그들의 세력은 점점 더 확대되는 것처럼 보일 것이다. 그들의 성취 수준은 계속 높아질 것이다. 당신은 성공자들의 성취 비결이 무엇인지 아는가?

그것은 활력소, 낙천적 사고방식이다.

이런 경우 다음과 같은 의문을 가질 수도 있다.

"어느 것이 우선인가, 비전이 성취를 낳는가, 아니면 성취가 비전을 낳는가?"

나는 남다른 성공자들의 경험이 그들에게 앞으로 더 위대한 것들을 성취시킬 수 있다는 비전을 안겨 준다고 믿는다.

당신이 어떤 일을 시작하여 성공시켰을 때 그것이 남들에게는 보잘것없는 것처럼 보이더라도, 그것은 당신의 자신을 강화시킨다. 그것은 당신이 가치 있는 사람이라는 것을 알게 하고 당신의 잠재 능력을 개발하도록 만든다. 그것 때문에 당신은 자신을 위한 위대한 가능이 있다는 것을 믿기 시작할 것이다. 낙천자가 되는 것은 새로 태어나는 것이다. 수많은 사람들은 자신의 나쁜 정신 자세 때문에 실패를 계속하고 있다.

"나는 그것을 할 수 없다—그것은 소용이 없다."

그들은 찾아온 기회를 왜 피했는지에 대한 변명을 하면서 인생을 낭비하고 있다. 그것을 한 번 상상해 보라. 기회를 왜 피했는지에 대한 변명을 하면서 인생을 낭비하다니—그것은 인간의 도리가 아니다!

나는 어느 날 내일이 새해라는 것을 실감한 한 숙녀가 이런 소극적인 말을 했다는 기사를 읽게 되었다.

"내일이 찾아오지 않으면 좋겠다."

그것은 슬픈 일이다. 그렇지 않은가? 나는 그 대신 이렇게 말해야 한다고 본다.

"내일이여, 나는 너를 환영한다. 왜냐하면 모든 새 날 속에는 새 봉우리의 정복의 경험을 가지게 하는 새 기회가 있기 때문이다."

당신은 새 성공이 필요한 사람인가? 산꼭대기 정복의 경험을 맛본 지 오래 되었는가? 그렇다면 당신은 힘이 생기게 하는 새 봉우리 정복의 경험이 필요한 사람이다.

과거의 봉우리 정복의 경험과 개인적 성취에도 불구하고 당신의 인생이 고정되어 있고, 무디고, 절망적인 것이라면 자존심을 소생시켜야 할 필요가 있다. 좌우간 자존심은 성공의 경험 때문에 소생되는 것이다. 그러므로 당신의 나이가 몇 살이건 간에 당신에게 꿈 소유의 경험을 안겨 주는, 당신이 어떤 사람이 될 수 있는지에 대한 새 비전을 안겨 주는, 혹은 당신이 어떤 것을 해낼 수 있는지에 대한 자각을 안겨 주는 새 봉우리 정복의 경험이 필요하다. 새 봉우리의 정복의 경험을 가지면 시야가 확대된다.

당신이 등산하지 않고는 계곡 너머에 무엇이 있는지를 알 수가 없다. 그런 이유 때문에 의미 있는 봉우리 정복의 경험을 가진 자만이 더욱더 위대한 비전을 얻는 것이다. 그는 또 그런 비전 때문에 새 봉우리를 정복하러 나간다. 그리고 그는 새 봉우리에서 더욱더 위대한 가능성을 발견하게 된다.

봉우리 정복의 경험을 가지려면 어떻게 해야 하는가?

우선 꿈꾸기를 시작하라. 꿈은 욕망을 가지게 하고, 욕망은 행동하게 하고, 행동을 결정하게 하고, 결정은 신중하게 노력하도록 만든다.

어떤 사람들은 시작하기를 두려워한다. 당신이 시작한 것을 끝낼 수 있다고 생각지 않기 때문이다. 그 대신 당신은 이렇게 생각하고 있다.

"내가 정말 정상을 정복할 수 있을까?"

여기에 위대한 개념이 있다. 시작하기로 결정하라. 정상에 대해서는 걱정하지 말라. 단지 시작하기로, 그리고 전진하기로 결정하고, 등산하라. 그러면 정상을 정복하게 될 것이다.

과거 10년 동안 나는 충실하게 조깅을 했다. 어느 날, 조깅을 하기 위해서 준비를 하고 있을 때, 보통 때의 조깅 거리 4마일을 달리고 싶은 생각이 없었다. 집은 사무실로부터 6마일 떨어진 곳에 있었다. 그래서 운동복을 입고 이렇게 결정했다.

"나는 우리 집과 사무실 사이의 거리를 절반보다 조금 더 많이 달릴 것이다."

내가 집과 사무실 사이의 거리를 절반 이상 달렸을 때 어떤 일이 생겼는지 짐작하겠는가? 나는 집으로 돌아오는 것보다 끝까지 달리는 것이 쉽다는 것을 깨달았다. 그런 식으로 6마일의 조깅을 해냈다.

나는 이 테크닉을 인생에서 종종 사용하고 있다. 내가 해야 할 어떤 일이 생길 때, 괴로워도 그것을 시작하여 무조건 절반 이상 완성한다. 그렇게 되면 그것을 다 완성하지 않을 수가 없게 된다. 열쇠는 시작하기로 결정하는 것이다.

우리는 우리를 성공자로 만드는 낙천적 사고방식의 핵심을 무시할 수가 없다. 그것은 믿음이다. 믿음은 문화, 연줄, 혹은 행운보다 더 중요하다.

당신은 과거보다 더 큰 목표를 성취할 수 있는 능력가라는 사실을 믿기 시작하라.

낙천가의 경영전략

경영이란 무엇인가에 대해서 살펴보기로 하자. 돈, 시간, 에너지, 기회, 달란트, 훈련, 혹은 연줄의 결여 때문에 신뢰가 생기는 것은 절대로 아니다. 문제, 위험, 욕구불만, 혹은 다루기 어려운 사람들 때문에 실패가 생기는 것은 절대로 아니다. 최고급 성취자나 성공자가 칭찬받는 이유는 가지고 있는 혹은 가지고 있던 돈 때문이 아니라 좋은 인격 때문이다. 그는 숙달된 매니저(경영자)이다.

어떤 재벌들은 그들이 오랜 기간 동안에 어렵게 이룩한 회사가 올바른 경영기술의 부족으로 성공 일보 직전에서 몰락하는 것을 똑똑히 목격했다. 그들은 사원이 늦게 출근하여 시장을 소홀히 다루는 것을 보았다. 재벌 2세는 경영부실로 인해서 상속받은 재산을 상실할 수도 있다. 반면에 가난한 가정에서 태어나, 교육도 제대로 받지 못했고, 억압당하던 젊은이라도 열심히 노력하고 일하면 재벌이 될 수 있고 계속 성공을 거둘 수가 있다.

중요한 것은 돈이 아니라 인격이다. 당신의 됨됨이가 중요하다. 당신은 숙달된 매니저인가? 경영이란 자원을 조종하여 목표를 최대로 달성하는 것을 의미한다.

당신의 경영 기술을 테스트해 보자. 성공하려면, 매니저인 당신은 여러 분야의 잠재 능력을 개발해야 한다.

나는 대학, 대회, 세미나에서 강연한다. 그리고 대부분의 경영 전문가들의 특정한 분야, 돈, 사람, 시간만 다루고 있다는 사실을 발견했다. 경영 기술이 응용되는 모든 분야를 한 번 살펴보기로 하자. 왜냐하면 돈 경영에 성공한 매니저라고 해도 정서 생활의 경영에 실패하면

알코올 중독자, 마약 중독자, 혹은 자살자가 될 수도 있기 때문이다.

책임감 있는 사람이 되라. 이러한 모든 분야에 정통한 현명한 매니저가 되어라.

아이디어에 관하여

천재들이 성공을 거두는 이유는 아이디어를 경영하는 법을 알고 있기 때문이다. 그들은 아이디어를 마음속에 형성한다. 그들은 그들이 가지고 있는 것이 단순한 느낌이 아니라 아이디어라는 확신을 가질 때까지 심사숙고한다. 그들은 실현 가능성이 있는 아이디어를 잡는다.

1. 아이디어의 형성

가끔 나는 사람들이 전화로 이렇게 말하는 소리를 듣는다.

"드릴 말씀이 있습니다. 나에게는 가능한 아이디어가 있습니다."

그때마다 나는 항상 이렇게 대답한다.

"그것을 종이에 적어서 편지로 보내 주세요."

그것은 그들이 자신의 꿈, 욕망, 관심사, 혹은 가능성을 형성하도록 만드는 것이다.

2. 아이디어의 경영

올바른 경영이란 낭비를 피하는 것을 의미한다. 아이디어를 경영하려면 아이디어를 낭비하지 말아야 한다. 그것이 불가능하게 보인다는 이유 때문에 집어던지는 것은 잘못이다. 좋은 아이디어를 가지려면 확인해야 한다. 아이디어가 생겼을 때 무조건 시간, 돈, 에너지를 투자하지 말고, 아이디어가 좋은 것인지, 나쁜 것인지를 확인하라. 헌신해야 할 아이디어인지를 확인해라. 아이디어 경영의 확신 단계는 질문을 던지는 단계이다. 성공 가능성을 테스트하는 길은 올바른 질문을 던지는 것이다. 중요한 결정을 내릴 때에는 더욱 그렇게 해야 한다. 만일 아이디어가 테스트에 합격했다면, 그것의 실현을 위해서 헌신해야 할 것이다. 아이디어를 함부로 대하지 말라. 위대한 아이디어가 죽게 내버려두는 것은 크나큰 수치다.

3. 아이디어의 경작

당신은 아이디어를 짜냈다. 그리고 아이디어를 확인했다. 그 다음은 아이디어를 경작해야 한다. 아이디어를 심어라. 풍년이나 흉년에 대한 보장은 없지만 농부는 씨앗을 철따라 심는다. 씨앗을 심었다면, 잡초를 뽑아주고, 보살피고, 감시해라.

세상에는 두 종류의 농부가 있다. 하나는 지주요, 다른 하나는 소작인이다. 당신은 이권, 시간, 자유, 그리고 능력이 있는 사람에게 땅을 빌려 주고 소작인으로부터 타당한 임대료나 이익금을 받는 건 아이디어를 경작하는 것이다. 당신이 아이디어를 양도하고 이익을 남기는 것도 아이디어를 경작하는 것이다. 아니면 땅에 직접 씨앗을 심어서 추수하는 것처럼 직접 아이디어를 경작해도 상관없다.

좌우간, 아이디어를 경작하면 이익이 생기는 것은 사실이다. 가능성 있는 아이디어를 살리고 죽이는 것은 당신에게 달려 있다. 골동품을 고물 취급하고 던져 버리는 것은 잘못이다. 조건이 좋던 나쁘던 간에 아이디어를 경작하라―그러면 당신은 좋은 결과를 얻게 될 것이다. 당신은 형성했고, 확인했고, 경작했다. 그 다음 해야 할 일이 또 있다.

돈과 기회와 시간

아이디어를 잘 경영하는 매니저들에게는 돈 문제가 거의 없다. 그들은 매우 중요한 교훈을 배운 자들이다. 어떤 사람, 기관, 나라, 회사에게도 돈 문제는 없다. 그들에게는 항상 아이디어 문제만 있다. 그래서 싱가포르는 불경기가 한창 심할 때 가장 낮은 통화 팽창률 3.6퍼센트를 기록하면서 부를 창조하여 자유진영 국가들을 지도하고 있다. 그들 역사상의 기간 동안 미국보다 어떤 면에서는 더 좋은 아이디어를 얻었다. 세계 제일의 부자 나라가 그곳의 달러 가치가 저하되는 것을 보았다. 돈 경영이 아이디어 경영에게 강타당한 것이다. 돈은 동적, 적극적 아이디어를 가진 자에게로 흘러들어가고 있다.

돈을 성공적으로 경영할 수 있는 아이디어를 얻으려면 어떻게 해야 하는가? 방법은 간단하다. 이 책의 근본적인 가르침, 적극적 사고의 원리를 이해하라.

낙천가들이 성공하는 이유는 그들이 아이디어를 현명하게 경영하기 때문이다. 그들은 돈 문제가 생겨도 절대로 중단하지 않는다. 그들은 기회를 생산적으로 경영한다. 그들에게는 남들과는 달리 기회가 많다. 비결은 무엇인가? 그들은 기회가 부족하면 필요를 찾는다. 그들은 모든 필요는 잡히기를 원하는 기회라는 사실을 알고 있으며, 기회를 본다. 그 다음 그것을 잡는다. 그들은 아무리 바빠도, 할 일이 많아도, 혹은 난제가 있어도, 기회를 놓치지 않는다.

낙천가들이 성공하는 이유는 그들이 능숙한 시간 매니저들이기 때문이다. 시간 경영의 비결은 바로 이것이다.

1. 분석하라.
2. 우선권을 부여하라.
3. 즐겨라.
4. 조직하라.
5. 관리하라.

시간의 소비에 대한 분석

이런 시간 소비는 필요한가? (예를 들면 고용한 사람이 해낼 수 있는 일은 하기를 거절한다.) 내가 하고 있는 일을 더 빨리, 더 안전하게, 더 잘 해낼 수 있는 길이 있는가? (나는 전화로 일을 해결할 수 있다면 절대로 여행하지 않는다. 기다려야 하는가? 얼마동안? 지연 때문에 얼마의 돈이 낭비될까?)

시간의 소비에 대한 우선권

당신의 시간을 재평가하라. 그렇게 해야만 시간을 유익하게 사용할 수 있다. 그렇게 해야만 더 좋은 기회를 발견할 수 있다. 어제의 중요한 일도 오늘 당신의 계획표에서는 제거될 수도 있다. 용감한 사람이 되어라. 고정관념을 버리려면 끈기가 필요하다. 모든 사람, 모든 회사, 모든 단체는 계속적으로 우선권을 갱신하고, 재평가해야 할 필요가 있다.

어떻게 하면 되는가? 기본적인 질문을 하라. (1)나는 무엇을 달성하기를 원하는가? (2)이 길을 가면 성공하게 되는가? (3)성공했을 때, 나는 진실로 즐거워할 것이고, 나 자신을 자랑스럽게 생각할 것인가?

시간을 즐기는 비결

우선권 배정 다음에 해야 할 일은 즐기는 것이다. 예를 들면 과거 30년 동안 내 인생 속에 있었던 최상급 우선권은 성공적인 결혼을 위해서 힘쓰는 일이었다. 그래서 나는 시간을 내어 가족과 함께 즐긴다. 매주의 월요일 밤은 아내와 데이트를 하고 있다. 그래서 우리의 결혼생활은 생기가 넘친다. 우리의 부부관계는 계속 행복하게 자라고 있다. 왜? 우리는 봉우리 정복의 원리가 효과적이라는 것을 알고 있기 때문이다. 당신의 시간을 즐길 때 이렇게 자문하라.

"이 일은 나의 목표를 달성하는 데 도움이 되는 것인가?"

나의 목표 중의 하나는 신체 단련이다. 그래서 나는 캘린더에 조깅해야 할 때를 표해 둔다. 또 다른 목표는 믿음을 키우는 것이다. 교회에 가서 기도드릴 시간을 캘린더에 표시해 둔다. 나의 목표 중의 하나는 항상 약속을 지키는 것이다. 그래서 규칙적으로 휴식 시간, 휴가 시간, 혹은 소생의 시간을 즐기고 있다. 당신이 가치관에 따라서 시간에 우선권을 부여했다면 당신도 시간을 즐길 수 있을 것이다.

시간에 대한 조직과 계획

당신은 성공적인 시간 경영의 비결들을 배웠다. 결과는 어떻게 될까. 당신은 한정된 시간에 많은 중요한 성취를 남기게 될 것이다. 새로운 봉우리를 정복하게 될 것이다. 그리고 새로운 꿈을 가지게 되는 것은 뻔한 이치다. 결국 당신은 봉우리 정복의 비밀을 아는 사람이 될 것이다. 당신이 시간을 더 잘 경영하는 법을 배웠기 때문에 사람들과 더 사이좋게 살게 될 것이다.

시간의 관리

끝으로 시간의 소비를 관리하라. 나쁜 버릇은 버려라. 조종하라. 누구에게 혹은 그 무엇에게 계획을 망치게 하지 말라. 달력을 준비하라. 목표가 달성되도록 달력에다 계획을 적어라. 융통 있게 계획을 실천하라.

누가 당신의 시간을 뺏으려고 하면 이런 식으로 말하라.

"미안합니다. 그날 밤에는 할 일이 있습니다. 미안합니다. 약속이 있습니다."

그것은 매우 간단한 처방이다. 경영과 가장 가까운 단어는 조종이라는 사실을 명심하라.

나의 어느 친구는 한 달에 두 번 저녁 시간에 홀로 생각하면서 계획을 세운다. 그리고 그녀는 계획을 달력에다 기록하여 실천하고 있다. 누가 갑자기 초대하면 이렇게 말한다.

"나의 달력을 좀 살펴보아야겠군요. 오, 미안합니다. 그날 밤에는 해야 할 일이 있습니다."

사람들

낙천가들이 성공하는 이유는 사람들이 목표를 달성하도록 돕게 경영하는 법을 배우기 때문이다.

아이디어 문제? 그들은 아이디어가 필요하면 성공적 아이디어를 얻도록 돕는 창조적인 사람들을 찾아낸다. 그래서 나는 컨설턴트를 고용했다.

돈 문제? 돈 경영 방면에 훌륭한 아이디어를 낼 수 있는 전문가를 고용하라.

시간문제? 시간을 낭비하지 못하게 하는, 비생산적인 활동을 주의하게 하는 법을 아는 사람을 만나라. 그는 시간을 조직하게 만들 것이다. 누군가는 나의 필요를 충족시킬 수 있다. 나는 나의 성공의 열매를 나눌 수 있는 사람들이 있다. 그러므로 고독하지 않다.

인간 경영은 시간 경영이나 돈 경영처럼 매우 중요하다. 우리는 누구나 돈은 가지고 있지만 인간관계를 잘 처리하지 못하는 사람들을 알고, 인간 경영을 잘 하려면 어떻게 해야 하는가? 네 가지 조건이 필요하다.

1. 친절하게 사람들을 대하라.
2. 공정하게 사람들을 대하라.
3. 솔직하게 사람들을 대하라.
4. 확고부동하게 사람들을 대하라.

인간 경영을 잘 하는 숙달된 매니저들은 사람들이 그들의 달란트를 경영하도록 돕고 있다.

달란트와 훈련

최고급 성취자들은 특이한 달란트를 가지고 있다. 우리도 그렇다. 그리고 달란트를 썩히면 안 된다. 낙천가들은 그들이 부여받은 달란트와 훈련을 현명하게 그리고 생산적으로 경영할 줄 안다. 세상에는 달란트를 잘못 경영하고 있는 사람들이 허다하다.

수단적인 달란트는 무엇인가? 그것은 헌신, 결심, 추진력, 대망이다. 어느 야구 코치는 나를 향해서 이렇게 말했다.

"진정한 달란트는 승리와 의지입니다."

나는 캐롤 슐러라고 하는 처녀가 본루에 앉아 있는 것을 보았다. 2년 전만 해도 그녀는 사경을 헤맸던 것이다. 지금 그녀는 운동복을 입고 있다.

나는 그녀를 쳐다보면서 이렇게 물었다.

"달릴 수도 없는데 어떻게 야구놀이를 하려고 덤비지?"

그녀는 빛나는 눈으로 이렇게 말했다.

"홈런을 치는 사람들은 달릴 필요가 없습니다."

그녀는 나의 딸이다. 그녀의 달란트? 그것은 달성하는 추진력이다.

당신은 달란트와 훈련을 잘 경영하는 매니저인가? 당신의 충고는 환영하는가? 당신은 건설적인 충고를 받아들이는가? 당신은 자발적으로 훈련을 계속 받는가? 당신은 마음의 문을 열고 크고 좋은 아이디어를 받아들이는가? 당신은 자극을 받는 사람인가?

여기에 당신의 달란트를 경영하는 진실된 비결이 있다. 이기주의자가 되지 말고 진정한 성공자가 되어라.

나는 공개적으로 계획을 수정하면서 이렇게 말한 적이 있다.

"나는 내 고집대로 하기를 원치 않습니다. 나는 우리의 계획이 성공하기를 바랍니다. 나는 내 고집대로 나쁜 길을 따르면 실패하지만 올바른 길을 따르면 성공할 수 있다고 봅니다."

에너지

달란트를 가진 숙달된 매니저들은 열의가 성공을 좌우한다는 것을 알고 있다. 그리고 열의는 에너지를 생산한다. 동적인 성취자들은 항상 에너지가 넘친다.

정상을 정복한 사람들은 보통 사람보다 더 많은 에너지를 가지고 있는가? 실패자는 에너지가 부족한가? 승리자는 그들의 에너지를 경영할 줄 아는가? 물론이다. 그들은 에너지 낭비를 피하고 있다. (명심하라! 경영은 조종을 의미한다. 조종은 낭비를 피하는 것을 의미한다.) 어떻게 하면 낭비를 피할 수 있는가?

1. 소극적 사고방식을 피하라

실망, 욕구 불만, 질투, 공포, 걱정, 열등감, 혹은 실패의 생각은 우리에게 피곤을 안겨 준다.

나는 조심성 있게 책을 선택한다. 그리고 사람들이 말할 때 소극적인 것은 받아들이지 않는다.

2. 소극적 마음을 갖게 하는 요인을 피하라

당신을 위대한 자로 인정하는 적극적인 사람들이 있다. 그들은 당신의 마음속에 적극적인 아이디어를 채운다. 그들과 어울리면 크나큰 가능성이 생기기 시작한다.

만일 당신이 아이디어, 달란트, 시간, 기회, 돈, 사람들을 잘 경영할 수 있다면, 이제 에너지를 경영하는 법을 배워야 한다. 올바르게 운동하라. 올바르게 기도하라. 올바르게 읽어라. 올바르게 교제하라. 그러면 당신에게 에너지가 넘친다는 것을 알고 놀라게 될 것이다.

그렇게 되면 봉우리를 정복할 수 있는 에너지가 당신에게 있다는 것을 실감할 것이다. 그리고 그것을 정복할 것이다. 그리고 산꼭대기에서 새로운 꿈을 얻게 될 것이다. 그 다음 봉우리 정복의 원리를 애용하게 될 것이다.

위험 경영

당신은 이제 낙천가들은 불가능하게 보이는 것도 성취시킨다는 것을 알게 되었을 것이다. 만일 당신에게 아이디어, 기회, 돈, 시간, 사람들, 달란트와 훈련, 에너지가 있다면, 무엇이 더 필요할까?

당신은 위험한 사업을 경영하는 기술이 필요하다. 위험 경영 기술이 없다면 성공도 없다. 근본적으로 위험이 없는 삶은 죽음을 기다리는 삶이다. 농부들이 종자를 잃을 수 있는 위험 부담을 감수하지 않는다면, 농사일을 할 수가 없다. 그렇게 되면 수많은 인간들은 굶어 죽게 될 것이다.

우리의 사회 속에 있는 가장 악독한 소극적 생각 중의 하나는 이것이다.

"위험을 제거합시다."

낙천가들은 곧 이 교훈을 배운다. 최선의 아이디어에도 약간의 흠이 있다. 약점이나 위험 부담이 없는 계획은 있을 수가 없다.

누군가가 어떤 위험 부담을 감수하지 않는다면 어떤 위대한 것도 생기지 않는다. 특권이나 돈도 마찬가지다.

위험 경영은 결정 경영과 깊은 관계가 있다.

결정 경영

위험 부담을 감수하는 자들은 바보가 아니다. 그들은 현명한 결정자들이 된다.

어떻게?

1. 그들은 이차적인 목표를 설정한다.
2. 그들은 그들의 의견을 요약한다.
3. 그들은 모순을 제거하기 위해서 그들의 가치관을 정립시킨다.
   (가치관이 정립되면 위험 부담이 있는 결정을 내리기는 매우 쉽다.)
4. 그들은 조심성 있게 결정을 내린 문제와 결정을 내리지 않은 문제를 분리한다. 결정 매니저들은 절대로 문제 해결 단계와 결정 단계를 혼동하지 않는다. 그들은 적극적인 리더십으로 불가능한 문제를 물리친다.

문제 경영

나의 수정 유리교회 건설을 포함해서 모든 계획은 처음에는 결정을 내리기가 불가능했다. 그런데 왜 우리는 결정을 내려 그것을 찬성했는가? 왜냐하면 그런 아이디어는 너무나 값진 것이었기에 버릴 수가 없었기 때문이다. 우리는 올바르게 결정을 내렸기 때문에 해결할 수 없을 것처럼 보이는 문제를 해결할 수 있었다. 결정을 내려라. 그러면 당신은 창조적인 아이디어와 좋은 비전(꿈들)이 생긴다는 사실을 알고 깜짝 놀라게 될 것이다.

결정을 내리지 아니하면 문제가 해결될 수가 없다. 그러므로 결정 경영과 문제 경영은 상반될 수 없는 관계이다.

보통 사람들이 성공적인 문제 매니저가 될 수 있는 비결이 있는가? 물론이다. 그것은 적극적 정신 자세를 유지하는 것이다. 모든 문제를 협박이 아니라 도전으로 보아라. 당신이 항상 건설적으로 생각하는 사람이라면 문제가 생겨도 염려하지 않을 것이다. 비관자들은 모든 문제를 화근이라고 생각한다. 낙천가는 모든 문제가 성장을 초래시킨다고 생각한다.

옛날부터 남 캘리포니아 주의 마리브 해안에는 큰 바위가 조용히 서 있었다. 최근에 어느 가옥의 새 주인은 그것이, 집 뒤에 있는 그 바위가 그의 안전을 위협하고 있다는 결론을 내리게 되었다. 그래서 이웃들과 합세하여 캘리포니아 주 당국에다 그 바위를 제거해 달라고 진정서를 제출했다. 그리고 주 당국에서는 그것을 제거하기로 결정했다. 불도저들이 동원되어 그것을 공격했지만 움직이지 않았다. 그것은 그냥 묵묵히 서 있었던 것이다.

브레트 리빙스톤 스트롱이 작업 진행을 지켜보았다. 그는 23살 난 호주 사람이다. 그는 바위가 협박물이 아니라 기회라는 것을 알았다. 주 당국에서는 결국 헬리콥터와 불도저들을 동원하여 여러 날의 투쟁 끝에 바위를 굴려 내리게 되었다. 그것은 태평양 해안에 있는 고속도로 중앙에 떨어졌다. 그것을 처음으로 목격한 사람은 젊은 호주인 이었다. 그는 이렇게 말했다.

"내가 그것을 사고 싶습니다."

그는 고속도로 관리에게 다시 이렇게 말했다.

"그것을 100달러에 사고 싶습니다."

그때 그는 이렇게 대답했다.

"그렇게 하세요. 이틀 내에 그것을 가져가야 합니다."

젊은 외국인에게는 돈이나 친척이 없었다. 그러나 그는 2톤짜리 바위의 주인이 됐다. (그는 낙천가였다.) 그는 센추리씨티 상가 지역에 있는 상인들에게 나아가서 바위를 그 지역에 진열해 두면 장사가 잘 될 것이라고 확신시키면서 돈 2만 달러를 모금하게 되었다. 그는 바위를 안전한 곳으로 옮긴 다음 조각 도구들을 구입하여 몇 마일 떨어진 병원에서 죽어가고 있는 유명한 사람의 얼굴을 은밀하게 조각하기 시작했다. 수많은 팬들을 가진 영화배우 존 웨인은 암에 걸려 죽어가고 있다가, 그 소식을 듣고 입원실을 떠나 그가 조각하는 곳으로 갔다.

그는 이렇게 말했다.

"수고하십니다. 그런데 왜 나를 택했죠? 왜 존 웨인의 얼굴을 조각하게 되었죠?"

그때 브레트는 이렇게 대답했다.

"바위를 보자 당신이 보고 싶었습니다. 당신은 불굴의 믿음을 가진 사람입니다."

최근에 그 바위는 수백만 달러에 팔렸다.

여기에서 얻을 수 있는 교훈은 무엇인가? 문제가 생길 때 어떤 사람들은 그것을 협박이라고 보고, 어떤 사람은 그것을 기회라고 본다는 사실이다.

당신은 성공적인 경영인인지 한 번 자문해 보라. 만일 당신이 아이디어, 기회, 돈, 시간, 사람들, 에너지, 달란트, 위험, 결정. 그리고 문제를 경영할 수 있다면, 겁날 것이 없는 사람이다. 옳은가? 그렇지 않다. 당신은 자신을 경영하는 법을 배워야 한다.

당신 자신을 경영하려면 실패를 경영할 줄 알아야 한다. 그렇지 않다면 당신은 유능한 사람이라고 말할 수가 없다. 어떤 피쳐도 상대 팀의 타자들 27명을 한 번에 스트라익 아웃을 시킬 수가 없다. 어떤 타자도 시합 때마다 홈런을 칠 수는 없다. 시합 때마다 자기의 패스를 다 성공시키는 축구 선수도 있을 수가 없다.

모든 실패로부터 교훈을 배움으로써 실수들을 경영힐 수 있다. 당신은 실패로부터 무엇을 배웠다면 다행이다.

당신은 동시에 성공도 경영할 줄 알아야 한다. 당신은 각 성공이 세력을 견고하게 하고, 확대하도록 해야 한다. 당신은 상상력을 경영해야 한다. 당신이 각 새로운 봉우리를 정복함으로써 상상력도 확대될 것이고, 당신이 정복해야 할 새로운 분야를 발견할 것이다. 그것이 봉우리 정복의 원리다.

당신 자신을 포함해서 모든 것을 조종해야 한다는 사실을 절대로 잊지 말라. 당신의 상상력도 조종해야 한다. 왜냐하면 당신은 상상하는 대로 그런 사람이 되기 때문이다. 만일 당신이 공포, 실패의 생각, 혹은 욕구 불만에 사로잡혀 있다면, 몰락하기 시작할 것이다. 정복해야 할 새로운 봉우리에 대해서 중점적으로 상상하라. 그러면 평생 동안에 수많은 봉우리를 정복하게 될 것이다. 그리고 그것으로 인해서 가치 있는 사람이 될 것이다.

배짱있게 살아갈 용기

1판 1쇄 발행 | 2016년 8월 10일
지은이 | 로버트 슐러
편역자 | 강준린
펴낸곳 | 북씽크
펴낸이 | 강나루
주소 | 서울시 성동구 행당동 192-29 성동샤르망 1019호
전화 | 070 7808 5465
등록번호 | 제 206-86-53244
ISBN 978-89-97827-84-8 13320
copyright©2016 로버트 슐러

잘못 만들어진 책은 구입처에서 교환해 드립니다.

Memo

Memo

Memo

Memo

Memo